Nils Klippstein

Zeit für mich!

Das 3-Tage-Auszeit-Programm zum Selbstfinden und Kraft tanken

W0180792

start2dream.de

1. Auflage 2015
ISBN 978-3-931116-96-5

Copyright © 2015 by start2dream, Nils Klippstein, Rochusstr. 55, 40479 Düsseldorf, www.nils-klippstein.de

Coverbild von Fotolia.com (Kaspars Grinvalds)

Druck und Bindung:
WIRmachenDRUCK GmbH, Mühlbachstr. 7, 71522 Backnang

Dieses Buch ist auch als Kindle-Version erschienen.

Inhalt

Kostenlose Phantasiereise für Erwachsene

Auf **www.start2dream.de** kannst du dir die kostenlose Phantasiereise „Auf dem Berg der Freiheit" als MP3-Datei herunterladen!

Einleitung

Warum ich dich duze

Der eine oder andere mag vielleicht Probleme damit haben, wenn ich ihm als Leser so „nah auf die Pelle" rücke und statt dem höflichen *Sie* sofort zum *Du* komme. Aber stellen wir uns einmal vor, ich würde dich in einem eher förmlichen Rahmen kennenlernen und wir unterhielten uns nach kurzer Zeit über ein recht persönliches Thema. Ich glaube, wir wären sehr schnell beim *Du*.

In geführten Meditationen oder Phantasiereisen wird fast immer geduzt, um den direkten Zugang zum Inneren zu bekommen und um dort Veränderungen in Gang bringen zu können. Auch beim Lesen dieses Buches beschäftigt sich dein Unterbewusstsein auch noch Stunden oder gar Tage danach mit den Inhalten, erstellt neue Verknüpfungen und Einordnungen, findet neue, kreative Lösungen für bestehende Blockaden und Probleme. Ein ganz normaler Vorgang! Wenn ich dich in diesem Buch duzen darf, verbessern wir damit den Zugang und damit die Verarbeitung durch dein Unterbewusstsein, was dir sicherlich zugutekommen wird.

Außerdem schätze ich es sehr, wenn ich dir als Leser meines Buches zumindest in diesen Stunden als *Freund* erscheinen darf. Wenn du mir später zum Beispiel eine Mail schreiben oder mit mir telefonieren möchtest, überlasse ich es selbstverständlich dir, wie du dann die Anrede wählst.

Warum eine Auszeit nehmen?

Unsere eigenen Gedanken haben über Jahre hinweg unser Wertesystem, unsere Ziele und auch viele unserer Beschränkungen in unserem Leben aufgebaut. Negativ ausgedrückt könnte man sagen, wir sind Sklaven unserer eigenen Gedankenwelt aus der Vergangenheit.

Positiv ausgedrückt jedoch können wir mithilfe unserer Gedanken und unserer Gefühle unser Leben vollständig verändern, um glücklich und zufrieden zu sein. In einer persönlichen Auszeit hast du die Möglichkeit, über deine Gedanken und deine Gefühlswelt zu reflektieren und diese gegebenenfalls so anzupassen, dass du ein freier und glücklicher Mensch sein kannst.

Wir brauchen von Zeit zu Zeit die Möglichkeit, über unseren eigenen Tellerrand zu schauen. Genau dies kann dir eine Auszeit bieten. Schaue dir dein Leben aus einer anderen Perspektive an. Lass dich inspirieren von neuen Ideen und Möglichkeiten. Öffne dich für alternative Denkweisen. Nur weil du die Dinge in deinem Leben bisher auf eine bestimmte Art erfahren hast, heißt dies noch lange nicht, dass dies die einzige Realität und dein einziges mögliches Leben wäre.

Von Jahr zu Jahr gibt es mehr Menschen, die sich überfordert fühlen – nicht nur bei ihrer Arbeit, sondern auch durch die Rollenverteilung und steigenden Anforderungen im Familienleben oder in der Partnerbeziehung. Unsere sogenannte "moderne" Wirtschaftswelt fordert viel von uns. Wir leben in einem Schuldgeld- und Zinseszins-System, welches sowohl von unserer Erde in Sachen Ressoucen, aber auch vom Menschen selbst exponentielles Wachstum verlangt. Wir sollen immer mehr in immer kürzerer Zeit produzieren, auch wenn vieles davon eigentlich gar nicht gebraucht wird und nur durch einen künstlich erzeugten Konsumrausch verkauft werden kann.

Viele Menschen arbeiten und rackern sich dann ab, weil sie große Angst haben, ihren jetzigen Lebensunterhalt zu verlieren und in der Armut zu landen. Die wahren menschlichen Werte bleiben in diesem System leider immer mehr auf der Strecke. Einige bekannte Folgen sind Burnout, Depression oder andere Erkrankungen. Wer so etwas einmal selbst an sich erfahren hat, erkennt vielleicht erst dann, was das Leben für ihn persönlich bedeutet – und ändert danach oft seine Arbeit (oder seine Einstellung zur Arbeit), die

Ernährungsweise und auch den Umgang mit anderen Menschen.

Und mit einem Mal rückt der Mensch wieder in den Vordergrund, ist jetzt wichtiger als das hungrige System. Es werden neue Lösungen und Lebensweisen entdeckt, in denen wir uns selbst finden und ausdrücken können, ganz ohne Angst und ganz ohne Stress.

Auch eine harmlose Grippe kann übrigens oftmals aus einer inneren Steuerung unseres Unterbewusstseins geboren sein: wenn der eigene Körper oder Geist eigentlich dringend Zeit für Ruhe und Entspannung nötig hat, wir uns dies aber nicht gönnen wollen (oder wenn wir meinen, es nicht zu können), fesselt uns eine Grippe für mehrere Tage ans Bett und zwingt uns zur Ruhe.

Muss man dazu eigentlich bis zur Erkrankung oder schlimmstenfalls bis zum Burnout warten? Oder können wir uns auch vorher schon *gönnen*, ein paar Tage lang auf intensive Weise zu uns selbst zu finden, einfach mal Abstand zu unserem Alltagstrott und zu unserem persönlichen Hamsterrad zu gewinnen – und aus der Ruhe und Stille heraus neue Konzepte für unser Leben zu finden? Genau das kann dir eine persönliche Auszeit bieten.

Anstelle des Wortes *Auszeit* verwende ich sehr gerne auch das englische Wort *seclusion*. Es wird in einem deutschen Wörterbuch übersetzt mit: "Abgeschiedenheit, Einsamkeit, Abschottung, Abgeschirmtheit, Verborgenheit". Das klingt noch nicht sonderlich attraktiv, oder? Wenn wir aber *in peaceful seclusion* nachschauen, ist die Übersetzung "in Ruhe und Abgeschiedenheit" schon etwas treffender zu dem, was ich mit *persönlicher Auszeit* ausdrücken möchte.

Auch ein Pauschalurlaub mit Strand und Pool kann natürlich eine entspannende Auszeit mit positiven Auswirkungen auf unser Leben sein. Wenn wir uns aber eine besondere Zeit der Ruhe und Zurückgezogenheit in uns selbst gönnen, haben wir die große Chance, aus einem inneren Frieden mit uns selbst heraus ganz neue Ideen, Ressourcen und Perspektiven zu finden – und danach Schritt für Schritt unser Leben zum Besseren zu verändern.

Warum drei Tage Auszeit?

Ich habe in meinem eigenen Leben die Erfahrung gemacht, dass eine dreitägige Auszeit ein besonders guter Kompromiss mit vielen Vorteilen sein kann. Der Zeitrahmen ist überschaubar und sicherlich auch für die Beschäftigsten unter uns noch gut in die Realität umsetzbar. Für wen das Gefühl des Alleinseins sehr ungewohnt ist, kann in drei Tagen sehr intensive Erfahrungen machen, ohne dass dabei die Gefahr zu groß ist, in einer persönlichen Lebenskrise zu versinken.

Möchtest du die drei Tage möglichst intensiv genießen und ganz für dich selbst da sein, ist auch die Verlockung von Fernseher, Internet und anderen Ablenkungen nicht allzu groß, was zum Beispiel während einer ganzen Woche für den einen oder anderen vielleicht schon schwieriger sein mag. Wenn wir genügend Ideen für unsere Auszeit haben, werden wir uns ganz bestimmt nicht langweilen, können uns aber trotzdem voll und ganz auf die *Zeit für mich!* einlassen.

Übrigens würde ich dir für diese drei Tage wärmstens empfehlen, deine internetfähigen Geräte (Notebook oder Tablet) zu Hause zu lassen – und auch auf deinem Smartphone am besten das Internet ganz abzustellen. Die Versuchung könnte ansonsten zu groß sein, schnell mal eben die Mails abrufen zu wollen oder kurz mal bei Facebook oder anderen sozialen Netzwerk reinzuschauen. Lege für drei Tage eine „Internet-Diät" ein und beobachte, wie befreiend sich dies anfühlen kann!

Schwierigkeiten und Ausreden

Vielbeschäftigte Menschen sehen vielleicht zunächst gar keine Möglichkeit, sich eine persönliche Auszeit zu gönnen. Zu sehr sind sie eingespannt im täglichen Hamsterrad, in einem eng gestrickten Netz von Pflichten und Abhängigkeiten. Doch die Erfahrung zeigt, wer sich wirklich eine Auszeit nehmen möchte, findet fast immer einen Weg. Notfalls muss vielleicht zunächst ein Kompromiss her (siehe im Kapitel über Mini-Auszeiten).

Wenn ich jedoch Antworten höre wie "Mein Hund würde die Zeit ohne mich gar nicht zurechtkommen" oder "Mein Partner ist viel zu eifersüchtig, als dass ich alleine irgendwo wegfahren darf" oder "als Selbstständiger muss ich für meine Kunden stets erreichbar sein", dann empfinde ich dies in den allermeisten Fällen als vorgeschobene Ausrede. Oder aber das Leben ist tatsächlich so unfrei geworden, dass gerade dann die Erfahrung einer Auszeit wirklich dringend notwendig wäre. In Ruhe und Zurückgezogenheit kann man herausbekommen, warum einem das eigene Leben so wenige Freiheiten und Möglichkeiten lässt – und wie man dies eventuell Schritt für Schritt verbessern könnte.

Bei dem einen oder anderen ist vielleicht auch der Wunsch nach einer persönlichen Auszeit noch nicht ausreichend gewachsen. Oder vielleicht nimmst du dich selbst nicht wichtig genug? In diesem Falle empfehle ich dir das Buch von Frank Hoese und mir: *Liebe dich selbst! Übungen, Phantasiereisen und Inspirationen für mehr Selbstliebe und Selbstwert.*

Im folgenden möchte ich einige Anregungen und Denk-Anstöße für die häufigsten Ausreden bezüglich einer persönlichen Auszeit geben:

„Mein Partner erlaubt es mir nicht!"

Ob es nun offen ausgesprochen wird oder nicht, in manchen Partnerschaften fehlt leider die Akzeptanz des Partners, sich eine persönliche Auszeit gönnen zu dürfen. Die Gründe können vielfältig sein. Ist es mangelndes Vertrauen? Neigt der Partner zur Eifersucht, können sich in seinem oder ihrem Kopf schnell Gedanken bilden, wie: „Bestimmt trifft er/sie sich mit jemand anderem" oder „Was ist, wenn er/sie in dieser Zeit flirtet und dann jemanden kennenlernt?".

Ein anderer häufiger Grund für die Nicht-Akzeptanz des Partners ist Neid. Eventuell fühlt sich auch dein Partner schon viel zu lange im Alltagstrott verstrickt und würde sich ebenfalls sehr gerne eine persönliche Auszeit wünschen. Oder der letzte gemeinsame Urlaub ist schon eine Weile her und der Partner versteht nicht, warum du einige Tage ohne ihn verbringen möchtest. Hier sollte nach Möglichkeit natürlich gleiches Recht für beide gelten: Vielleicht gönnt ihr euch gleichzeitig oder nacheinander jeder für sich eine persönliche Auszeit?

Oft kann bei solchen Problemen ein offenes, klärendes Gespräch Wunder wirken. Nehmt euch Zeit und Ruhe, setzt euch zusammen und sprecht einmal ganz offen eure ganz persönlichen Ängste, Sorgen und Wünsche aus. Der jeweils andere hört einfach nur zu und unterbricht seinen Partner nicht. Erst nach einer Weile werden die Rollen getauscht und die andere Person kann in Ruhe antworten und die eigenen Wünsche, Ängste und Sorgen ansprechen. Vielleicht funktioniert diese Technik des partnerschaftlichen Zwiegesprächs bei euch sogar so gut, dass ihr es ab jetzt regelmäßig einmal in der Woche wiederholen wollt?

Sind die Beziehungsprobleme oder eingefahrenen Verhaltensmuster so weit fortgeschritten, dass ihr ein ehrliches Gespräch ohne gegenseitiges Unterbrechen, möglicherweise auch mit Schuldzuweisungen und Unterstellungen, gar nicht friedlich führen könnt, möchtet ihr euch vielleicht eine neutrale Person als „Schiedsrichter" hinzuholen. In besonders schwierigen Fällen empfehle ich auch immer das

Aufsuchen eines Paartherapeuten (Psychologe oder gut ausgebildeter Coach).

Gerade beim Thema Eifersucht in der Beziehung gibt es natürlich auch eine große Auswahl an guter Literatur, die weiterhelfen und neue Perspektiven und Ideen bringen kann.

Wie wichtig auch die Partnerschaft für dein Leben sein mag: Du bist alleine in diese Welt geboren worden und wirst auch alleine wieder von ihr gehen. Das Leben zu zweit kann wundervoll und erfüllend sein, jedoch sollte man nie das eigene persönliche Leben für die Partnerschaft opfern. Du bist in deinem Leben die wichtigste Person! Und wenn du dir eine Auszeit wünschst, dann finde einen Weg, wie du sie dir auch innerhalb deiner Partnerschaft nehmen kannst.

"Für eine Auszeit habe ich keine Zeit!"

In unserem sogenannten "modernen" Leben ist diese Ausrede vielleicht die am häufigsten geäußerte, wenn es um das Erschaffen eines persönlichen Freiraums geht. Darum sollte man sich gerade dann fragen, ob es sich dabei tatsächlich um eine Tatsache handelt – oder möchten wir vielleicht nur daran glauben, dass dies so wäre? Gestalten wir unser Leben (auch in unserer Freizeit) vielleicht absichtlich möglichst intensiv und kompakt, *damit* wir möglichst beschäftigt sind und gar keine Zeit finden können, uns mal mit uns selbst zu befassen?

Wenn wir zu sehr in unseren Beruf oder in persönliche oder familiäre Probleme eingebunden sind, fehlt uns oftmals jegliche Perspektive für neue Lösungswege. Wir galoppieren dann vielleicht wie ein Pferd mit Scheuklappen durch das Leben und sehen nicht nach links oder nach rechts. Dabei gibt es immer alternative Möglichkeiten, wir können oder möchten sie nur vielleicht nicht sehen. Unsere Scheuklappen täuschen uns nur eine gewisse imaginierte Sicherheit vor.

Die meisten Menschen spüren zumindest zeitweise in ihrem Leben Angst vor dem Ungewissen. Daraus entwickelt sich oft ein starker Drang nach Beständigkeit und Bequemlichkeit und ein regelrechter Unwille, dem inneren Schweinehund zu begegnen. In meinen Zeiten als selbstständiger Videoproduzent hatte ich ebenfalls lange Abschnitte, in denen ich der Meinung war, mir kaum Zeit für persönliche Auszeiten nehmen zu können. Jetzt weiß ich: ich habe sie mir nicht gegönnt! Im späteren Rückblick ist man meistens schlauer und versteht, dass es sich nur um Ausreden gehandelt hat. Hier ist es wichtig, absolut ehrlich zu sich selbst sein zu können. Möglicherweise hilft auch der Gedanke daran, wie das eigene Leben in einigen Jahren aussehen würde, wenn man sich noch nicht einmal drei Tage Zeit für sich selbst (den wichtigsten Menschen im eigenen Leben!) nehmen möchte.

"Ich kann mir eine Auszeit nicht leisten!"

In den meisten Fällen ist auch dies eine Ausrede, und eine ebenso fatale wie das Problem mit der angeblich fehlenden Zeit. Wie soll sich etwas an der finanziellen Lebenssituation ändern, wenn wir uns keine Zeit erlauben, in Ruhe darüber nachzudenken? In einer gut geplanten Auszeit kommen oft auch zu diesem Problem ganz von alleine viele neue Ideen und Lösungswege. So gesehen zahlt es sich oftmals sogar in barer Münze aus, wenn wir uns die Zeit für eine persönliche Auszeit gönnen.

Im Kapitel über die Planung und Vorbereitung werde ich noch ausführlicher darauf eingehen, wie wir auch mit kleinem Budget eine wunderbare Auszeit gestalten können. Außerdem wirst du in diesem Buch auch Anregungen finden, wie du deine Auszeit sogar dazu nutzen kannst, ganz konkret neue Einkommensmöglichkeiten auszuprobieren.

"Ich habe Angst vor Veränderungen!"

Viele von uns haben Angst vor Veränderungen in ihrem Leben. Sie beschweren sich zwar über ihre augenblickliche Lage bei ihren besten Freunden, aber ändern möchten sie eigentlich nichts. Sie bleiben lieber in ihrer Komfortzone, weil sie diese am besten kennen und sich dort, auch bei andauernder Unzufriedenheit, ganz behaglich eingenistet haben.

In einer Auszeit kannst du es dir einmal gönnen, deine verschiedenen Lebensbereiche anzuschauen und einfach mal in Gedanken durchzuspielen, wie es denn vielleicht so wäre, wenn sich etwas ändern *würde*. (Bitte beachte den mehrfachen Konjunktiv.) Ob du das später auch wirklich umsetzen möchtest, steht ja noch auf einem ganz anderen Blatt, denn vielleicht möchtest du dir damit ja auch noch etwas Zeit lassen. Trotzdem ist es gut zu wissen, was du von deinem Leben erwartest, und was du gerne verändern würdest, wenn du es könntest und dich trauen würdest.

Ich beobachte oft, wie solch ein Prozess des Umdenkens dann ganz einfach Schritt für Schritt im Leben integriert und umgesetzt werden kann, oftmals ganz ohne hastige Hauruck-Entscheidungen. Es geschehen vielleicht mit einem Mal Dinge in deinem Leben, die dir sonst ohne vorheriges Nachdenken und Reflektieren gar nicht weiter aufgefallen wären.

Da ich selbst sehr an die Verbundenheit allen Lebens und auch unseres Lebensweges glaube, werden dir wahrscheinlich auch ganz neue und andere Dinge passieren, wenn du einmal dein Herz für sie geöffnet hast. Schritt für Schritt kannst du dann diese Dinge immer mehr in dein Leben integrieren, deine Gedanken weiter denken, dein Herz weiter öffnen, und dich einfach diesem Fluss in deinem Leben hingeben.

Und wenn deine Angst vor Veränderungen einmal ganz besonders groß ist, dann vergegenwärtige dir doch einmal, dass du gar nichts verlieren kannst, wenn du dich selbst findest.

Auszeit für Anfänger: die Mini-*Seclusion*

Wenn dir eine dreitägige persönliche Auszeit zunächst noch zu lang erscheint, wenn du im Moment noch keine Möglichkeiten zur Umsetzung sehen kannst oder aber der geplante Termin noch in weiter Ferne scheint, möchtest du vielleicht zunächst erstmal eine Kurzzeit-*Seclusion* erleben.

Der Vorteil an einer kurzen Auszeit kann gerade in seiner Komprimiertheit liegen, wenn du dies im Voraus so planst und zulässt. Manchmal reicht schon ein einzelner Nachmittag oder Abend (nach Möglichkeit natürlich besser ein ganzer Tag), um eine deutliche Auswirkung auf dich und deinen Alltag zu spüren.

Die Kunst ist hier sicherlich, einen Ort zu finden, an dem du mit möglichst kurzer Anreisezeit genügend Abstand zum Alltag finden kannst. Ideal wäre vielleicht ein schöner Blick von einem Berg herunter oder ein anderer Ort, an dem du den Blick in die Ferne schweifen lassen kannst. Wichtig ist, dass du an diesem Ort nur wenig abgelenkt wirst, so dass du dich voll und ganz auf das Wesentliche einer persönlichen Auszeit konzentrieren kannst: auf dich selbst! Ein Einkaufsbummel in einer überfüllten Innenstadt ist also nur sehr begrenzt dafür geeignet. Besser wäre eine Wanderung in einer Gegend, in der du vielleicht nur auf ganz wenige Menschen triffst und dich die meiste Zeit mit dir selbst beschäftigen kannst.

 Während ich diese Zeilen schreibe, sitze ich in einer kleinen Höhle auf Teneriffa. Unter mir: 200 Meter Steilküste und dann das rauschende Meer… Ich habe diese Höhle vorhin erst entdeckt, bin spontan zurück nach Hause und mit Schlafsack und Isomatte zurückgekommen. Und nun verbringe ich die Nacht an diesem wunderschönen Ort.

Eigentlich wollte ich so eine Übernachtung draußen in der Natur schon sehr lange machen, aber man findet ja immer Ausreden, dies nicht zu tun. Jetzt weiß ich, was ich versäumt habe. Und ich glaube, ich werde hier und an anderen schönen Stellen draußen in der Natur noch viele Nächte verbringen. Hier, ganz für mich alleine, fühle ich mich verbunden mit der Natur und verbunden mit mir selbst.

Auch für deine persönliche Mini-Auszeit kannst du dir überlegen, einfach mal eine Nacht draußen zu verbringen. Wir haben uns so an das Schlafen zwischen Betonwänden gewöhnt, dass es für die meisten von uns wohl etwas ganz Besonderes ist, die Nacht unter freiem Himmel zu verbringen. Es kostet nichts, kann dir aber so viel geben.

Aber „warum in die Ferne schweifen, wenn das Gute liegt so nah" – auch ein ganzer Tag im eigenen Garten kann für dich funktionieren, sofern du die Zeit hier wirklich ungestört vom Alltag erleben kannst und dich die möglicherweise hörbaren Rasenmäher- oder Heckenscherengeräusche vom Nachbarn nicht stören. Wenn es dir hilft, etwas zu tun zu haben, ist vielleicht leichte Gartenarbeit für dich das Richtige oder auch ein gutes Buch oder Hörbuch zu einem Thema, mit dem du dich gerade beschäftigst.

Möglichkeiten zur Intensivierung

Bei einer kurzen Auszeit empfehle ich jedoch, das Erlebnis bewusst zu intensivieren. Als Jugendlicher habe ich mal eine recht ungewöhnliche Mini-Auszeit im Badezimmer verbracht:

Dies war der einzige Raum in der Wohnung, der auch tagsüber vollständig verdunkelbar war, auch wenn ich mit einigen Decken und einem Stück Karton vor dem Fenster nachhelfen musste. Vier oder fünf Stunden mit geöffneten Augen in vollständiger (!) Dunkelheit und Stille zu verbringen, kann ein sehr intensives Erlebnis sein, das ich jedem wärmstens empfehlen kann.

Es versteht sich wohl von selbst, dass man bei dieser Mini-Auszeit-Idee auf ein Mobiltelefon und selbst eine beleuchtete Uhr verzichtet. Das individuelle Zeitempfinden in dieser künstlichen Intensitätsblase wird selbstverständlich ganz anders ausfallen als du es gewohnt bist. Wenn du möchtest, lege vielleicht im Voraus eine Zeitspanne für dein Auszeit-Experiment fest und stelle dir einen Wecker, den du außen vor die Tür stellst. Ich hoffe, die Versuchung ist nicht zu groß, zwischendurch doch mal nachzuschauen, wieviel Zeit schon vergangen ist. Wenn du die Wecker-App deines Mobiltelefons nutzen möchtest, dann achte jedoch unbedingt darauf, dein Handy in den Flug-Modus zu stellen – damit du nicht von eingehenden Nachrichten oder Anrufen gestört werden kannst.

Der einzige Nachteil bei einer Auszeit in vollkommener Dunkelheit: Sowohl das Lesen als auch das Aufschreiben von Ideen und Notizen fällt hier naturgemäß aus, denn auch das kurzzeitige Benutzen einer Taschenlampe oder Kerze würde die außerordentliche Atmosphäre verändern. Hier könnte man sich jedoch zum Beispiel mit einem (unbeleuchteten!) MP3-Rekorder mit Aufzeichnungsfunktion helfen, dessen Bedienelemente du dann natürlich vorher „blind" üben solltest. Oder du verwendest große Papierbögen, auf denen du auch in vollständiger Dunkelheit zumindest einige Worte notieren kannst.

Das Badezimmer ist auch insofern kein schlechter Raum für eine intensive Mini-Auszeit, da du auch ein heißes Bad in vollständiger Dunkelheit nehmen könntest, was ebenfalls intensiver als sonst empfunden wird und dich in eine tief erlebte innere Entspannung bringen kann. Bei Durst bist du außerdem mit ausreichend Wasser versorgt und auch der natürliche Wasserkreislauf in deinem Körper wird hier nicht zum Problem.

Wem die vollständige Dunkelheit zu intensiv erscheint oder wer eine andere besondere Atmosphäre sucht, kann sich natürlich auch eine einzelne Kerze (je nach Brenndauer gegebenenfalls auch zusätzliche Ersatzkerzen) mitnehmen. Vielleicht möchtest du das Kerzenlicht auch gleich als Basis für eine längere Meditation nutzen. Schaue dazu einfach so lange wie möglich mit geöffneten Augen mit nur seltenem Blinzeln in das Kerzenlicht und schau, was in deinem Inneren passiert. Wenn du die Technik der Imagination üben möchtest, könntest du auch zwischendurch die Augen schließen und dir dann die brennende Kerze vor deinem inneren Auge vorstellen. Zwischendurch kannst du auch regelmäßig „kontrollieren", ob dein Vorstellungsbild klar und deutlich genug ist, indem du immer mal wieder die Augen kurz öffnest und dir nochmals die „richtige" Kerzenflamme ansiehst.

Eine weitere Möglichkeit zur Intensivierung ist das bewusste Erleben der eigenen Nacktheit. Nicht nur Freunde des FKK wissen, dass Kleidung oft nicht nur körperlich, sondern auch geistig beengend wie eine aufgesetzte Maske wirken kann. Im Gegensatz zu unserem gewohnten Alltagsverhalten wird die eigene Nacktheit darum für viele Menschen als besonders befreiend erfahren. In diesem Zusammenhang kann für manchen auch die Beschäftigung mit der eigenen Lust eine zutiefst spirituelle Erfahrung sein, wie uns vor allem die Lehrer aus dem Tantra aufzeigen.

Andere möchten vielleicht ein ganz besonderes (selbstgemachtes?) leichtes Gewand tragen oder sich möglicherweise einfach nur in eine Decke hüllen. Manch einer erlebt dabei vielleicht in seinem Inneren eine gewisse romantische Vorstellung des einfachen und asketischen Lebens der früheren Mönche oder Nonnen, andere möchten damit nur innerlich ausdrücken, dass sie die besondere Zeit der Auszeit als etwas ganz Besonderes erleben, möglichst weit entfernt vom normalen Alltag.

Wie intensiv und mit welchen Mitteln auch immer du deine Mini-*Seclusion* gestalten magst, nutze die Zeit am besten auch als Appetitmacher für eine baldige längere Auszeit, denn in einem Zeitraum von drei Tagen erlebt man selbstverständlich quantitativ und oft auch qualitativ deutlich mehr und benötigt dazu keine zusätzlichen Techniken der Intensivierung.

Vorbereitung auf deine Auszeit

Wo soll es hingehen?

Zunächst einmal ist es eigentlich relativ egal, wo du deine Auszeit verbringst, denn sie soll ja vor allem eine Reise zu dir selbst werden. Auch in deinem Zuhause lässt sich eine wunderbare *Seclusion* verbringen, wenn du es schaffst, die alltäglichen Ablenkungen vergessen zu können.

Nun gibt es natürlich Orte, an denen du wesentlich besser von deinem Alltag loslassen kannst. Dies spricht in vielen Fällen für einen Tapetenwechsel, denn die neue und andere Umgebung kann eine große Hilfe bedeuten. Je nach deinem finanziellen und (oft genauso wichtig) deinem zeitlichen Budget ware ein Ort wunderbar, bei dem du nicht zuviel Reisezeit verlierst. Oder kannst du bereits einen Tag vorher anreisen und einen weiteren Tag für die Abreise einplanen? Damit erweitern sich natürlich deine Möglichkeiten enorm und du könntest auch eine Flug- oder längere Bahnreise in Erwägung ziehen.

Da pauschale Angebote bei den meisten Reiseveranstaltern leider oft auf ganze Wochen ausgerichtet sind, wirst du in vielen Fällen wohl die An- und Abreise sowie die Übernachtung separat recherchieren müssen. Im Internet findest du dazu vielleicht auf einigen Flug- und Hotel-suchportalen etwas Passendes für dich.

Vielleicht suchst du auch nach einem ganz besonderen Ort, der auch etwas ganz Besonderes in dir bewegen kann? Für den einen ist dies ein Aufenthalt in einem Kloster, für den anderen eventuell die Übernachtung mit Zelt oder Wohnmobil direkt in der Natur. Möglicherweise entstehen bereits beim Lesen dieser Zeilen einige für dich passende Bilder und Ideen in deinem Kopf. Wenn du möchtest, kannst du auch einfach mal für einen Moment lang deine Augen schließen, dich ein wenig entspannen und dabei in dich hineinschauen: Welche Orte würden dich besonders bewe-gen und inspirieren? Lass einfach mal einige Bilder vor deinem inneren Auge erscheinen, schau einfach mal, was dir dein Unterbewusstsein sagen möchte. Es kennt sich nämlich so hervorragend mit deinen inneren Wünschen und Bedürf-nissen aus, dass es die Antwort sicherlich schon weiß. Du brauchst nur noch genau hinzuhören.

Wellness oder Low-Budget?

Natürlich ist es schön, sich ein schickes Wellness-Hotel an einem einsamen Strand irgendwo im Süden leisten zu können und sich mal so richtig zu entspannen. Aber denke bitte daran, dass eine *Seclusion* nicht mit einem typischen Entspannungsurlaub vergleichbar ist. Wenn dir in deiner Umgebung viele Wellness-Möglichkeiten, wie zum Beispiel Sauna, Massagen und verschiedenste Sportangebote zur Verfügung stehen, möchtest du sie wahrscheinlich auch mehr oder weniger intensiv nutzen. Wenn du einen sehr stressigen Beruf oder eine fordernde Familie hast, wird dir das bestimmt auch für eine Weile sehr gut tun. Nur findest du dann vielleicht nicht so leicht zu dir selbst, denn auch Wellness ist eine Form der Ablenkung in der äußeren Welt. Nun möchte ich dir deine wohlverdiente Entspannung allerdings nicht madig reden – tue das, wozu du dich inspiriert fühlst!

Zu dir selbst finden kannst du jedoch auch sehr gut in einer ganz einfachen Umgebung, und deine Geldbörse freut sich darüber natürlich ebenso. Wenn du einen schönen Ort in deiner Nähe kennst, ist die kurze Anreise wahrscheinlich bereits recht kostengünstig. Recherchierst du dann im Internet außerdem noch nach einer kleinen privaten Pension in diesem Ort, so gewinnst du vielleicht auf diese Weise eine besondere Form der Losgelöstheit in dir und kannst dich ganz auf deine Reise ins Innere konzentrieren.

Und wenn du vielleicht der Meinung bist, für eine persönliche Auszeit würde dir das Geld fehlen, dann gibt es auch hier eine Lösung: Überall auf der Welt gibt es Menschen, Familien und Organisationen, die sich über deine Mithilfe bei ihrem Projekt freuen und als Gegenleistung kostenfreie Kost und Logis anbieten. Du findest solche Orte und Menschen zum Beispiel auf Webseiten wie **www.helpx.net** oder **www.workaway.info**. Weitere Informationen und Anbieter findest du außerdem auch unter den Suchworten "work and travel" im Internet.

Bei den vielen weltweiten Angeboten ist es vielleicht dann fast ein wenig schade, wenn du für solch eine Erfahrung in deinem eigenen Land bleiben würdest. Warum nicht gleich eine drei- oder vierwöchige Auszeit auf der anderen Seite der Welt planen? Du wirst dabei ganz sicher viele neue Erfahrungen machen. Eine dreitägige *Seclusion* sollte innerhalb eines solchen Aufenthaltes möglich sein, wenn du es vorher mit deinen Gastgebern absprichst.

Eine weitere Low-Budget-Idee ist das *Couchsurfing*: Hier bieten Menschen weltweit (und wahrscheinlich auch in deiner Nachbarstadt) einen kostenlosen Schlafplatz an – manchmal in einem eigenen Gästezimmer, manchmal ist es tatsächlich nur eine Couch, wie es der Name suggeriert. Die große Idee dahinter ist, dass man ohne finanziellen Aufwand überall auf der Welt quasi bei Freunden eine Unterkunft finden kann. Eine konkrete Gegenleistung wird von den Gastgebern normalerweise nicht erwartet, jedoch sieht man recht schnell, ob ein Gast dieses System nur für sich ausnutzen möchte oder ob er oder sie vielleicht dem Gastgeber in irgendeiner Form etwas Gutes tun oder anderweitig dafür sorgen möchte, dass das Geben und das Nehmen ausgeglichen ist. Vielleicht möchtest du ja für deinen Gastgeber etwas kochen oder du gibst ein oder zwei Stunden Unterricht in einer Fremdsprache oder zeigst etwas anderes, was du gelernt hast? Manchmal kann auch ein gutes, ehrliches Gespräch sehr inspirierend und wertvoll für beide sein.

Um am Couchsurfing teilnehmen zu können, benötigst du ein kostenloses Profil auf der Webseite **www.couchsurfing.org**. Unter Couchsurfern benutzt man besonders für die anfängliche Kommunikation und auf den Profilseiten üblicherweise die englische Sprache. Du kannst aber natürlich auch auf deutsch schreiben, auch wenn die Anzahl der Menschen, die du damit ansprichst, dann geringer ist.

Am besten schaust du dir zunächst einige Profilseiten von anderen Couchsurfern an und schreibst danach ein paar Zeilen über dich und suchst dir dazu ein paar aktuelle Fotos von dir heraus. Als Gastgeber möchte man gerne erfahren, welchen Menschen man da in seine Wohnung aufnimmt, also schreibe ruhig persönlich und ausführlich über dich (auch das kann übrigens eine hervorragende Übung zur Selbstfindung sein).

Wenn du die Möglichkeit hast, auch in deiner Wohnung einen Schlafplatz anzubieten, dann kannst du das in deinem Profil ebenfalls beschreiben. Es wird natürlich gerne gesehen, wenn du ebenfalls Gäste akzeptierst, aber es ist keine Voraussetzung. Vielleicht wirst du es jedoch selbst zu schätzen wissen, wenn manchmal für ein bis drei Tage ein dir gänzlich unbekannter Reisender aus einem anderen Land bei dir einzieht. Oftmals entwickeln sich daraus lange Freundschaften.

Wann ist die beste Zeit?

Der eine braucht ganz kurzfristig und dringend eine Auszeit für sich, der andere plant diese lieber einige Wochen oder gar Monate im Voraus. Wer gerne spazieren oder wandern geht, sucht sich vielleicht eine Zeit aus, die ihm klimatisch zusagt. Das Wichtigste ist jedoch: Schiebe deine Auszeit nicht unnötig auf. Entscheide dich am besten jetzt für einen Termin und beginne deine Planungen dafür. Bereits durch die getroffene Entscheidung wird sich etwas in dir verändern, du wirst deinen Alltag, dein Denken, deine Ideen anders wahrnehmen und mehr auf deine inneren Wünsche und Bedürfnisse ausrichten.

Vielleicht magst du auch gleich zwei *Seclusion*-Termine festlegen? Es ist dann gar nicht so wichtig, den nächsten Termin bereits niet- und nagelfest zu machen, jedoch könntest du zum Beispiel bereits einen bestimmten Monat für das übernächste Mal festlegen. Auch dies wird einen großen Unterschied in deinem Denken und Erleben machen: Dein Unterbewußtsein bekommt von dir die Botschaft, dass du dich wichtig nimmst und dir regelmäßig Zeit für dich selbst gönnen möchtest.

Auch eventuelle Akzeptanzschwierigkeiten bei deinem Lebenspartner sind bei regelmäßigen Auszeiten deutlich einfacher zu besprechen, als wenn du jedes Mal von neuem um deine Wünsche kämpfen müsstest. Dein Partner kann sich dann darauf einstellen und vielleicht sogar damit beginnen, ebenfalls Auszeiten für sich selbst zu planen.

Was nehme ich mit?

Zunächst einmal: Weniger ist oft mehr. In einer *Seclusion* setzt du sicherlich ganz andere Prioritäten als in einem Kurz-Urlaub mit deinem Partner oder einem Freund beziehungsweise einer Freundin. Da es in dieser besonderen Zeit nicht so sehr um das Erleben in der äußeren Welt, sondern vor allem um deine innere Beschäftigung mit dir selbst geht, ist zum Beispiel die Auswahl der benötigten Kleidung nicht ganz so relevant – trotzdem habe ich diesem Thema ein eigenes kleines Unterkapitel gewidmet.

Dann gibt es vielleicht eine Reihe von praktischen Sachen, die nicht fehlen sollten:

- Ausreichend Papierbögen oder Notizhefte sowie mehrere (verschiedenfarbige?) Stifte, bzw. farbige Textmarker: Manch einer schreibt seine Ideen und Pläne lieber auf leere einzelne A4-Bögen, andere bevorzugen die Ordnung in einem Schreibheft oder Ringbuch. Ich nutze ganz gerne normale Schulhefte in DIN A5 und fange diese manchmal sowohl von der Vorderseite und bei einem anderen Thema gleichzeitig umgedreht von der Rückseite an. So kann ich auch mehrere Themen, an denen ich gerade gleichzeitig arbeite, platzsparend überall mit mir führen.

- Briefumschläge: Vielleicht möchtest du einen Brief schreiben (zum Beispiel an dich selbst in einer der Übungen in diesem Buch) – dann ist es eine gute Idee, den Brief auch gleich in einen Umschlag stecken und zukleben zu können. Dies schafft Verbindlichkeit und Klarheit.

- Eine Schere: zum einen benötigst du sie für eine wichtige Übung am zweiten Tag deiner Auszeit – zum anderen möchtest du dir vielleicht einen bestimmten Satz oder auch nur ein Wort aus einem Papier oder Notizheft ausschneiden und zum Beispiel als Erinnerung neben dein Bett oder auf einen Tisch legen oder an den Spiegel hängen.

- Ein oder zwei Bücher zu den Themen, die im Moment besonders wichtig für dich sind: Das können entweder physische Bücher, eBooks oder Hörbücher sein. Beschränke dich aber nach Möglichkeit bereits beim Packen auf die 1-2 Titel, mit denen du dich wirklich beschäftigen möchtest. Dies gibt deiner *Seclusion* schon im Voraus einen deutlichen Fokus und verhindert, dass du dich im Chaos der vielen Möglichkeiten verlieren kannst.

- Wenn du Wanderungen oder Spaziergänge planst, möchtest du vielleicht vorher genügend Wasser in praktischen Flaschen zum Mitnehmen sowie ein bisschen Wegzehrung (zum Beispiel einige Tütchen mit Nüssen oder Trockenobst) einpacken. Deine Zeit in deiner *Seclusion* ist zu kostbar, als dass du sie mit unnötigem Einkaufen verschwenden solltest, wenn es durch gute Planung vorher vermeidbar ist. Dies gilt im Übrigen natürlich auch für deine gesamte Ernährung und Verpflegung in dieser Zeit. Wenn du nicht dreimal am Tag auswärts essen willst, besorge dir am besten vorher, was du für dich brauchst.

- Wenn du planst, deine *Seclusion* soweit es geht ohne menschliche Kontakte zu verbringen, wird dir vielleicht Musik gut tun, wenn es dir einmal zu ruhig werden sollte. Praktisch ist es natürlich, wenn du deine Lieblingssongs einfach auf dein Smartphone laden kannst, oder falls du Internetanschluss haben wirst, die entsprechenden Seiten kennst, auf denen du deine Musikrichtungen findest (ich selbst nutze zum Beispiel **www.soundcloud.com** sehr gerne).

- Möchtest du die Zeit auch für dein Hobby oder vielleicht für Kunst nutzen, so nimmst du am besten auch das dafür Notwendige (bzw. eine kleine Auswahl davon) mit – also zum Beispiel Fotokamera, Malsachen, usw.

- Benötigst du zusätzlich zu Musik, Büchern und deinen Hobby- oder Kunst-Utensilien weitere Inspirationsquellen, um eine möglichst tiefgehende Erfahrung mit dir selbst haben zu können?

Die einfarbigen oder die geringelten Socken?

So banal die Überschrift klingen mag, auch die Auswahl der richtigen Kleidung gilt es zu bedenken. Auch die Farben unserer Kleidung haben eine psychologische Wirkung auf uns. Der eine mag vielleicht lieber in Schwarz, Braun oder möglicherweise auch Weiß in eine *Seclusion* gehen, weil es ihm (vielleicht in Erinnerung an romantisch anmutende Bilder von Mönchen oder Nonnen?) hilft, Abstand von den Ablenkungen des Alltags zu gewinnen. Andere möchten lieber Knallbuntes tragen, weil sie es im Alltag zu selten machen und diese *Seclusion* als deutlich anders wahrnehmen möchten.

Unsere Quantenphysiker sagen uns heute, dass Kleidungsstücke, wie auch alle anderen Gegenstände unserer Welt, nicht aus wirklich "fester" Materie, sondern lediglich aus Schwingungen bestehen. Vielleicht wird ja in ein paar Jahren offiziell bekannt, dass diese Schwingungen auch durch den Träger einer Kleidung verändert werden? Bis dahin begnügen wir uns vorerst mit der psychologischen Erklärung: Sowohl unser Tagesbewusstsein als auch unser Unterbewusstsein haben in der Regel sehr viele Erlebnisse und Erinnerungen zu den von uns häufig getragenen Kleidungsstücken abgespeichert. Diese teils unbewussten Erinnerungen haben eine starke Auswirkung darauf, wie wir uns fühlen.

Den Lieblings-Pullover oder das Lieblings-Shirt haben wir vielleicht besonders an solchen Tagen getragen, an denen wir uns sehr gut gefühlt haben. Ziehen wir dieses

Kleidungsstück an einem Tag an, an dem wir ohnehin besonders feinfühlig und empfänglich sind, so wird dies unsere Stimmung mit großer Sicherheit maßgeblich beeinflussen.

Vielleicht möchtest du also bei der Wahl deiner Kleidung einfach die Teile einpacken, in denen du dich ganz besonders wohl fühlst und in denen du dich selbst am meisten spürst?

Die passende Ernährung

Vielleicht möchtest du deine *Seclusion* ja mit einer besonders gesunden Form der Ernährung verbinden? Zum einen bietet es sich an, da du dir hiermit selbst unmissverständlich klarmachst, dass du dich in diesen Tagen besonders gut um dich kümmern möchtest. Zum anderen kann eine bessere Ernährung natürlich auch deine inneren Erfahrungen in dieser besonderen Zeit erheblich verstärken. Und vielleicht bietet es dir ja auch einen guten Start, um die Ernährung Schritt für Schritt auch im Alltag zu verbessern?

Sofern du bereits Erfahrung mit Fasten hast, magst du dies eventuell mit deiner persönlichen Auszeit verbinden. Eventuell ist aber auch die Entscheidung, drei Tage lang ohne tierische Produkte auszukommen, für dich das Richtige. Aber mache bitte in diesen Tagen nur das, was leicht und natürlich für dich umsetzbar ist. Mal davon abgesehen, dass ich von den in Publikumsmagazinen immer noch so beliebten Diäten überhaupt nichts halte, macht es meiner Meinung nach wenig Sinn, wenn du dir in deiner Auszeit mit Zwang und Anstrengung etwas künstlich verbieten müsstest – und dann womöglich alle paar Minuten an dein "verbotenes" Leibgericht denken musst und dir dabei das Wasser ständig im Munde zusammenläuft.

Ich möchte dir hier zwei Möglichkeiten vorstellen, wie du mit nur wenig Aufwand in deiner Auszeit etwas in deiner Alltags-Ernährung verändern kannst. Diese beiden Anpassungen haben meine eigene Ernährung grundlegend verändert, und ich möchte sie nicht mehr missen!

Grüne Smoothies

Grüne Smoothies erfreuen sich seit einigen Jahren großer Beliebtheit. Kleinpürierter Salat, Kräuter und Obst ergeben eine sehr vollwertige Mahlzeit. Im Internet findest du viele Informationen über die Vorteile und die richtige Zubereitung, darum möchte ich hier an dieser Stelle nur einen kleinen Überblick geben.

Prinzipiell kannst du einen grünen Smoothie mit beinahe allen grünen Lebensmitteln zubereiten, also mit sämtlichen Salatsorten, Kohl, Spinat, frischen oder getrockneten Kräutern, und auch das Grün von einem Büschel Karotten passt perfekt dazu. Ebenso kannst du zum Beispiel auch sehr gut Fenchel beigeben. Nur stärkehaltige Gemüsesorten wie zum Beispiel Kartoffeln oder Hülsenfrüchte würde ich weglassen. Hierzu kannst du je nach Geschmackswunsch frische oder auch gefrorene Obstsorten geben: Zitrusfrüchte und Äpfel, aber auch mal Waldfrüchte oder ein Stück Melone, ganz wie du möchtest. Bananen oder Avocado passen ebenfalls ausgezeichnet und machen den Smoothie deutlich sämiger, weswegen ich meistens nur eine von beiden Früchten mit hineinmische.

Für die notwendige Menge an Flüssigkeit kannst du alle natürlichen Fruchtsäfte nehmen, jedoch bitte keine Zuckerzubereitungen wie zum Beispiel Nektar oder andere zweifelhafte Erfindungen unserer Nahrungsmittelindustrie. Wenn du es nicht so süß haben möchtest, nimmst du zusätzlich oder stattdessen stilles Wasser.

Bitte lasse aus verdauungstechnischen Gründen auf jeden Fall jegliche Milchprodukte weg. Möchtest du deinen grünen Smoothie ein bisschen sättigender gestalten, kannst du noch verschiedene Nüsse hinzugeben. Zimt, Kurkuma und vielleicht eine Prise schwarzer Pfeffer runden deinen Smoothie ab. Variiere und probiere, dann findest du schnell heraus, was dir gut schmeckt. Es ist übrigens normal, wenn du deinen ersten grünen Smoothie geschmackstechnisch vielleicht noch als "ein bisschen zu gesund" einstufen würdest. Lasse gegebenenfalls einige bitter schmeckende Salat- oder Gemüsesorten weg oder gib mehr Früchte hinzu. Nach einigen Tagen regelmäßigem Smoothie-Konsum verändert sich meist dein Geschmacksempfinden und du wirst vielleicht eine leicht bittere und würzige Note ganz besonders lecker finden.

Bereite dir doch einmal morgens zum Frühstück einen ganzen Liter zu, wenn dein Smoothie-Mixer groß genug dafür ist. Du kannst ihn dann ganz langsam trinken, zum Beispiel im Laufe von einer oder zwei Stunden. Vielleicht möchtest du dir sogar zusätzlich nachmittags einen Liter grünen Smoothie zubereiten? Diese große Menge an natürlichen Pflanzenbestandteilen wird dir enorm viel Kraft für den Tag geben und aufgrund der Vielfalt an unterschiedlichen Vitaminen und den sogenannten "sekundären" (aber ebenso wichtigen) Pflanzenstoffen nach einigen Tagen sicherlich auch einige leere Nährstoff-Depots in deinem Körper wieder auffüllen.

Wenn ich mit dem Auto oder einem großen Koffer zum Ort meiner dreitägigen Auszeit fahren würde, wäre wahrscheinlich mein Smoothie-Mixer mit dabei. Einfache Geräte gibt es günstig in jedem Haushaltswarengeschäft. Die etwas teureren ab ca. 300 Euro haben meistens eine deutlich höhere Umdrehungszahl. Dies bewirkt, dass die Zellstrukturen der Pflanzen aufgebrochen werden, was dem Körper die Aufnahme der Nährstoffe erheblich vereinfachen soll. Außerdem wird die Konsistenz des Smoothies mit höherer Drehzahl gleichmäßiger und feiner. Als Reisemixer kannst du aber auch einen einfachen Stabmixer mitnehmen, dann brauchst du nur noch ein passendes Gefäß wie zum Beispiel einen Kochtopf oder Messbecher.

Nach drei Tagen Auszeit mit vielen grünen Smoothies wirst du vielleicht so viel Gefallen an dieser gesunden Ernährung gefunden haben, dass du auch in deinem Alltag nicht mehr darauf verzichten möchtest.

Grüne Smoothies geben dir so viel gebündelte und frische Pflanzenpower, wie es mit anderer Ernährung kaum möglich wäre. Wenn du dann noch möglichst viel mit den Zutaten variierst (es wird zum Beispiel empfohlen, nicht wochenlang Spinat als grüne Grundlage zu verwenden) und möglicherweise sogar mit richtigen Bio-Lebensmitteln mixt (am besten von einem Bioladen oder Biobauern deines Vertrauens), kann sich deine Ernährung und oft auch deine Gesundheit grundlegend verändern.

Es gibt noch einen weiteren Vorteil von grünen Smoothies: durch die Gewöhnung an die eher bitteren und würzigen Pflanzenstoffe und natürlich aufgrund der spürbaren positiven Auswirkungen dieser gesunden Ernährung wirst du mit der Zeit ganz von selbst deutlich weniger zu ungesunden Lebensmitteln oder Fastfood-Produkten greifen. Und dies kann eine noch größere Ernährungsumstellung einleiten, wie wir auf den folgenden Seiten sehen werden.

Weniger Kohlenhydrate

Den meisten von uns wurde beigebracht, dass Kohlenhydrate für unseren Körper ein essentieller Bestandteil unserer täglichen Ernährung sein müssten. In jüngster Zeit werden die Stimmen jedoch wieder lauter, die genau dies in Frage stellen und manchmal sogar als Propaganda der globalen Nahrungsmittelindustrie anprangern.

Kohlenhydrate können dem Körper sehr schnell Energie liefern. Allerdings ist diese Energie wie ein Strohfeuer auch ganz schnell wieder verbraucht und somit benötigen wir bald wieder neue Kohlenhydrate, um unseren inneren Verbrennungsmotor am Laufen zu halten. Kohlenhydrate sind außerdem besonders günstig zu produzieren, sie sind auch ohne Konservierungsstoffe sehr lange haltbar und lassen sich mit diversen Aromastoffen sehr vielfältig in allen möglichen Zusammensetzungen zu immer wieder neuen Produkten zusammenstellen. Aus diesen Gründen erscheint es durchaus vorstellbar, dass uns die multinationalen Nahrungsmittelkonzerne aus reinem Gewinnstreben in den großen Supermarktketten unserer Zeit überwiegend diese für sie so vorteilhaften zusammengekleisterten Produkte anbieten. Auch dann, wenn diese Ernährungsform vielleicht nach jahrelangem Konsum für viele der sogenannten Zivilisationskrankheiten zuständig ist, wie uns einige Studien aus den letzten Jahren aufzeigen.

Es kann einem schon richtig mulmig werden, wenn man dazu noch bedenkt, dass es längst erwiesen ist, dass Zucker und ihr längerkettiges Äquivalent der Kohlenhydrate unseren Körper geradezu süchtig und abhängig machen. Es wäre also gar kein Wunder, sondern reine Konditionierung, wenn du oft Heißhunger auf Pizza, Burger, Chips, Cola und andere sogenannte "Erfrischungsgetränke" (welch eine Wortwahl für Zuckerwasser mit Farb- und künstlichen Aromastoffen!), sowie natürlich auf alle Formen von Süßigkeiten einschließlich vermeintlich "gesunder" Müsliriegel hast!

Da helfen dann auch keine den heutigen Produkten zugesetzten künstlichen Vitamine und Mineralstoffe, die bei uns vor allem die Bereitschaft für höhere Preise (und ein besseres Gewissen bezüglich einer "ausgewogenen" Ernährung) erwecken sollen. In vielen wissenschaftlichen Studien wurde bereits aufgezeigt, dass viele dieser künstlichen Vitaminzusätze sogar krebserregend sind.

Unsere Körper haben sich über die Jahre an diesen Verbrennungsprozess durch eine besonders hohe tägliche Kohlenhydrat- und Zuckerzufuhr gewöhnt. Früher haben sich viele Menschen anders ernährt, mit mehr Eiweiß (Fleisch oder Fisch), Früchten und deutlich mehr frischem Gemüse. Auch heute noch spielen beispielsweise in der hoch gelobten Mittelmeerküche Kohlenhydrate (wenn überhaupt) nur eine sehr untergeordnete Rolle.

Wer sich an Convenience- und Fastfood sowie die meisten anderen Formen zusammengesetzter Nahrungsmittel gewöhnt hat, findet es meistens sehr schwierig, die Ernährung umzustellen. In deiner dreitägigen Auszeit hast du eine sehr gute Möglichkeit, dies einmal für dich selbst auszuprobieren, denn diese drei Tage möchtest du ja sowieso anders erleben als deinen Alltag. Vielleicht siehst du danach Ernährung in einem anderen Licht? Nach den drei Tagen bräuchtest du es gar nicht so extrem anzugehen. Eine langsame Umgewöhnung ist oft der viel bessere Weg, denn dann hast du nicht das Gefühl, etwas zu vermissen.

Als ehemaliger ganz großer Fan von Pizza, Kuchen, Brötchen, Müsliriegeln, Süßigkeiten und Chips kann ich dir Mut machen: Ab und zu esse ich dies auch heute – schließlich gehört zu einer "ausgewogenen" Ernährung ja irgendwie auch ein bisschen, dass der Körper auch mit nicht so gesunden Stoffen umzugehen weiß... :-) Aber durch die langsame Umgewöhnung benötigt mein Körper heute deutlich weniger Kohlenhydrate zur Verbrennung und kann trotzdem geistige und körperliche Höchstleistungen vollbringen.

Wie kannst du konkret vorgehen? Mit einem Liter grünen Smoothie zum Frühstück hast du bereits einen hervorragenden Start in den Tag bekommen. Wenn du dann mittags oder nachmittags etwas kochen möchtest oder dir in deiner Auszeit einen Restaurantbesuch gönnst, lass doch einfach mal Nudeln, Reis, Kartoffeln, Brot und andere Kohlenhydrat-Beilagen weg. Damit konzentrierst du dich automatisch verstärkt auf Gemüse – und wenn du möchtest, Eier, Fleisch und Fisch.

In den ersten Tagen kann es sein, dass du dich nach solch einer Mahlzeit noch nicht vollständig satt fühlst. Das ist normal, wenn dein Körper an Kohlenhydrate als Sattmacher gewöhnt ist. Versuche es dann einmal mit Nüssen (übrigens auch eine ideale Zwischenmahlzeit), oder wenn du unbedingt Kohlenhydrate möchtest, nimm einige Kartoffeln oder Vollwert-Haferflocken, die eine deutlich bessere Nährstoffbilanz aufweisen als beispielsweise Weizenprodukte. Auch eine sehr kleine Menge brauner Naturreis mag dich anfangs vielleicht besser zufriedenstellen.

Beim nächsten Supermarktbesuch schaue doch einmal durch die Regale, wie wenige wirklich hochwertige Nahrungsmittel du dort findest. Gewöhne es dir dann einfach Schritt für Schritt ab, Weißmehl- und zuckerhaltige Produkte einzukaufen und traue dich, in Restaurants gegebenenfalls nach einer individuellen Zusammenstellung deiner Lieblingsnahrungsmittel zu fragen.

Bereits während deiner Auszeit werden dir diese einfachen Ernährungstipps mit Sicherheit sehr gut tun. Und danach achte vielleicht einfach mal darauf, ob du dies mit Leichtigkeit und ohne Druck fortführen möchtest? Mit der Zeit stellt sich der Körper dann auf eine verstärkte Eiweiß-Verbrennung um und benötigt deutlich weniger Kohlenhydrate.

Tag 1

Die perfekte 3-Tage-Auszeit beginnt bereits am Vorabend, sofern du diese frühe Anreise zeitlich arrangieren kannst. Dann nämlich kannst du zunächst einmal ganz in Ruhe ausschlafen und beginnst den ersten „richtigen" Tag mit einem klaren Kopf und hoffentlich einem ausgeruhten Körper. In jedem Falle heißt es am ersten Tag deiner *Seclusion* vor allem erst einmal: Ankommen, Entspannen, Genießen! Wenn du ein stressiges Leben führst, gönn dir doch einfach ein bisschen Ruhe, mach alles mal ein bisschen langsamer als sonst – umso erfüllter können die folgenden Tage für dich werden.

Ein bisschen anders mag es für dich sein, wenn du dir eine Projekt-Auszeit nehmen möchtest (zum Beispiel, um ein Buch zu schreiben oder ein Hobby auszuleben). Vielleicht möchtest du dann bereits am ersten Tag einen guten Start hinlegen und nicht das Gefühl bekommen, zu träge zu werden. Aber auch dann ist es meistens nicht verkehrt, den ersten Tag mit etwas mehr Ruhe anzugehen. Du kannst dich am zweiten Tag dann sicher noch steigern.

Bei einer persönlichen 3-Tage-Auszeit bietet sich der erste Tag vor allem für die Reflektion über dein bisheriges Leben oder zumindest über deine vergangenen Wochen oder Monate an. Was lief gut, was weniger gut? Gibt es Dinge, die du auf jeden Fall gerne ändern möchtest und suchst du vielleicht in dieser Auszeit nach ersten Antworten oder Lösungsideen?

In diesem Sinne habe ich dir einige Übungen zusammengestellt, die sich besonders gut für diesen ersten Tag eignen. Lass dich nicht stressen, mach nur das, was sich für dich richtig und gut anfühlt. Wenn du dich aber für eine oder mehrere Übungen entscheidest, dann gönne dir bitte auch die dafür notwendige Zeit und halte deine Schreibunterlagen bereit. Durch das Aufschreiben gibst du deinen Gedanken und Gefühlen in deinem Inneren eine ganz andere Tragweite und Verbindlichkeit. Auch dein Unterbewusstsein wird in deinem Inneren mit verstärkten Kräften an den Dingen weiterarbeiten, die du schriftlich fixiert hast.

Ankommen bei dir selbst

Viele von uns (und ich schließe auch mich hierbei ein) denken zeitweise im Alltag viel über andere Personen nach. Wenn du ein großes Herz hast, wirst du dir vielleicht oft Sorgen über andere Menschen in deinem Umfeld machen. Vielleicht versuchst du auch gerne ihre Probleme zu lösen? Oder möglicherweise hast du Stress und Probleme mit einigen Menschen in deinem Leben und denkst dann „Warum ist dieser Mensch so?".

Während deiner Auszeit ist es ganz wichtig, solche Gedanken möglichst schnell zu erkennen und dann innerlich ein Stoppschild hochzuhalten. Denn dies ist *deine* Auszeit. Egal, in welchen Beziehungen, Verwicklungen und Problemen du gerade steckst, jetzt ist ausschließlich Zeit für *dich* angesagt. Mache dir das bitte immer und immer wieder bewusst, wenn dich Gedanken an andere Personen von dir selbst ablenken.

Das Hochhalten des Stoppschildes meine ich durchaus wortwörtlich. Versuche einmal, jedes Mal, wenn du in deinen Gedanken nicht bei dir selbst bist, dir ein Stoppschild vorzustellen. Vielleicht möchtest du dazu einen tiefen Atemzug nehmen und mit dem nächsten Ausatmen die entsprechenden Gedanken ganz einfach loslassen. Manchen hilft dabei auch, beim Ausatmen gleichzeitig eine Bewegung mit der Hand zu machen, die dieses Loslassen für sie symbolisiert. Danach bleibe bei dir selbst und in dem Licht in deinem Herzen. Wiederhole diesen Prozess jedes Mal, wenn du dich wieder bei ablenkenden Gedanken ertappst.

Ablenkungen vermeiden

Es versteht sich von selbst, dass du während deiner Auszeit so weit wie nur irgend möglich auf Fernseher, Internet und Handy verzichten solltest. All diese Dinge lenken nur von deinem eigentlichen Ziel ab: zu dir selbst zu finden. Ob du den „Tatort" oder die „Tagesschau" nun gesehen hast oder nicht, wird am Ende deines Lebens keinen Unterschied für dich machen. Es wird aber sehr wohl einen großen Unterschied machen, ob du in deinen Auszeiten zu dir selbst finden konntest. Ich glaube nämlich, dein Leben wird dann anders verlaufen.

Auch alle unsere Kontakte, die wir mit unserem Mobiltelefon oder dem Computer pflegen, können einmal drei Tage auf uns verzichten. Denn in dieser Zeit geht es wirklich nur um dich. Also lass dich nicht ablenken und bleibe ganz bei dir.

Meditation: Öffne dich für das Licht in dir

Die folgende Meditation habe ich speziell für einen möglichst gelungenen Start in deine persönliche Auszeit geschrieben und auch als MP3-Datei zum Downloaden eingesprochen. Ich weiß nicht, ob du schonmal eine geführte Meditation mitgemacht hast oder ob du vielleicht sowieso deiner eigenen regelmäßigen Meditationspraxis nachgehst – ich kann dir nur wärmstens nahelegen, diese ganz besondere geführte Meditation am ersten Tag deiner *Seclusion* auszuprobieren. Sie ist dazu da, zunächst einmal anzukommen und loszulassen. Außerdem erschaffen wir gemeinsam mit der Kraft der Imagination ein strahlendes liebevolles Licht in deinem Herzen, das dich während der nächsten Tage begleiten und leiten kann.

In den Meditationstext sind einige Suggestionen eingearbeitet, die dir dabei helfen werden, in den nächsten Tagen Antworten auf offene Fragen in deinem Leben und neue Inspirationen zu erhalten – und die dafür notwendige Aufmerksamkeit zu etablieren, um diese Botschaften aus deinem Inneren bewusst wahrnehmen zu können.

Alle geführten Meditationen, die ich zu diesem Buch eingesprochen habe, kannst du dir unter diesem Downloadlink herunterladen: **www.nils-klippstein.de/zeit-fuer-dich-meditationen.zip** Speichere dir die ZIP-Datei auf deinem PC, entpacke sie (zum Beispiel im Windows Explorer mit Rechtsklick: „Alle Dateien extrahieren") und kopiere dir dann die darin enthaltenen MP3-Dateien auf dein Smartphone, Tablet oder Notebook – je nachdem, was du in deine Auszeit mitnehmen möchtest. Teste dann am besten das Wiederfinden und Abspielen der jeweiligen MP3-Datei und überlege dir, ob du dir die Meditation lieber mit dem Lautsprecher oder einem Kopf- oder Ohrhörer anhören möchtest.

Wenn du auf technische Geräte während deiner Auszeit lieber weitestgehend verzichten möchtest, kannst du dir den Text zur Meditation auch selbst langsam und ruhig laut vorlesen und vielleicht an manchen Stellen immer wieder eine kleine Pause einlegen, um die Worte in dir nachzuspüren. Es macht dabei tatsächlich einen Unterschied für dein Bewusstsein und auch für dein Unterbewusstsein, ob du den Text nur leise liest oder ob du ihn richtig aussprichst. Probiere es für dich aus!

Ich empfehle dir für die Meditation eine entspannte Sitzposition auf einem Stuhl, jedoch mit geradem Rücken, ohne dass du dich anlehnst. Deine Füße sollten fest und gerade auf dem Boden ruhen, dazu musst du vielleicht auf dem Stuhl ein bisschen nach vorne rücken.

Möchtest du während deiner Auszeit noch weitere geführte Meditationen von mir nutzen, so empfehle ich dir mein Buch *Montagsmeditationen. 22 geführte Meditationen, die deine Welt verändern* (ISBN 978-3-931116-98-9). Dort findest du zusätzlich zu den abgedruckten und eingesprochenen Meditationen außerdem eine ausführlichere Anleitung zum richtigen Meditieren.

Es folgt nun der Meditationstext für deinen ersten Tag:

Herzlich willkommen in deiner ganz persönlichen Auszeit! Wenn du dir einen behaglichen und entspannten Platz zum Sitzen gesucht hast, dann schließe doch jetzt einfach mal deine Augen... und lass ganz einfach mal los...

Lass jetzt los von allen spürbaren Anspannungen in dir... Lass ganz einfach mal los von all den Erwartungen, die andere Menschen an dich haben... Lass einfach mal los von all den Belastungen in deinem Leben...

Du kannst dich jetzt ganz leicht... und ganz befreit fühlen. Gönne dir genau dieses Gefühl von Leichtigkeit. Jetzt in diesem Moment ist alles in Ordnung... Jetzt in diesem Moment ist alles gut...

Und spüre einfach mal, wie sich das anfühlt... Ich glaube, es ist ein ganz wunderbares Gefühl... zu wissen, dass du jetzt so viel Zeit nur für dich hast?

Fühl mal in dein Herz hinein... Vielleicht spürst du, wie es sich freut auf diese Zeit... nur für dich...! Und vielleicht kannst du dir einmal vorstellen, wie dieses Gefühl in deinem Herzen wie ein kraftvolles weißes Licht scheint...

Und dieses weiße Licht *lebt* in dir, wie eine kostbare Blüte... Und diese wunderschöne Blüte und dieses wunderschöne Licht können jetzt, in deiner ganz persönlichen Auszeit so richtig aufleben... und dein Herz... und dein Gefühl für dich selbst können sich dir zeigen... und offenbaren.

Und ich bin mir ganz sicher, es wird eine ganz besondere Zeit für dich... eine sehr lehrreiche Zeit für dich... ganz viel Ruhe für dich...

Und vielleicht wirst du bemerken, dass du dich im Laufe deiner persönlichen Auszeit auch mehr *selbst lieben* kannst... dir vielleicht auch selbst verzeihen kannst... und mit dieser Liebe in dir dein ganzes Leben mit viel neuer Kraft, mit neuen Ideen und Perspektiven gestalten kannst.

Und fühl mal hinein in dieses Licht in deinem Herzen... Es ist immer da... in dir... Und ich glaube, es möchte jetzt größer werden... und es möchte deinen ganzen Körper von innen heraus erfüllen...

Spür mal genau hin... Dieses liebevolle Licht aus deinem Herzen weitet sich aus... und erfüllt nun deinen ganzen Körper... Licht... und Liebe...

Und das ist ein ganz besonderes Gefühl... Lass es einfach mal geschehen... Spür mal genau hin, wie sich das anfühlt...

(10 Sekunden Pause)

Dieses Licht in dir wird nun während deiner gesamten persönlichen Auszeit für dich besonders kräftig strahlen. Und es wird dir dabei helfen, aus deinem tiefen Inneren neue Kraft zu schöpfen... Dieses Licht in dir wird dir dabei helfen, in deiner Auszeit viele neue Ideen... und auch ganz praktische Antworten und Lösungen für dein Leben zu finden...

Und du wirst diese Ideen und Antworten und Lösungen als klare Botschaften vernehmen, die aus dir selbst herauskommen. Vielleicht einfach so, zwischendurch... durch die Dinge, die du um dich herum wahrnimmst... vielleicht in einem Text, den du liest... oder in Worten, die du hörst... vielleicht in einer

Blume, die du dir ansiehst... vielleicht auch in deinen Träumen während dieser Auszeit...

Und du wirst spüren können, welche dieser Ideen und welche dieser Erkenntnisse wirklich ganz tief aus deinem weisen Inneren kommen... Denn es ist diese innere Kraft in dir, die dich in deinem Leben leiten und führen möchte...

Spüre einfach mal hinein in dich... und gönne dir während dieser besonderen Zeit eine besondere Aufmerksamkeit auf diese Ideen und Inspirationen aus deinem Inneren...

Und meditiere nun noch so lange weiter, wie DU es gut und richtig findest.

Die Dankbarkeitsliste

Als vielleicht wichtigste Übung in diesem Buch möchte ich dir die Dankbarkeitsliste ans Herz legen. Dankbarkeit in unserem Inneren zu spüren, löst gleich eine ganze Kette von Reaktionen aus: du fühlst dich nicht nur augenblicklich besser und zufriedener, du entwickelst auch ein tieferes Verständnis für die Dinge in deinem Leben. Ich bin persönlich fest davon überzeugt, dass ehrliche und tief empfundene Dankbarkeit auch große positive Veränderungen in deinem Leben mit sich bringt.

In einer gewissen Weise arbeiten die physischen Nervenverbindungen in deinem Gehirn ganz ähnlich wie dein Unterbewusstsein: Durch wiederholte Gedanken und Gefühle ziehst du mehr von den gleichen Gedanken und Gefühlen an. In deinem Gehirn werden bei jedem Gedanken und bei jedem empfundenen Gefühl die entsprechenden Synapsenverbindungen verstärkt. So wird es mit der Zeit immer leichter und auch immer wahrscheinlicher, einen ähnlichen Gedanken oder ein ähnliches Gefühl zu haben. Und auch dein Unterbewusstsein beschäftigt sich bevorzugt mit den Dingen, die du ihm wiederholt eingibst.

Wer also stets das Schlechte, Hässliche und Schwierige in seinem Leben sieht, wird mit der Zeit immer mehr davon bemerken. Die eigene Welt färbt sich dadurch grauer als die von anderen Menschen. Wer dagegen zufrieden und glücklich durch das Leben geht, lässt sich von manchen zu dieser Stimmung unpassenden Erlebnissen nicht so leicht beeinflussen und sucht automatisch auch in den Schwierigkeiten nach etwas Gutem. In jeder Krise steckt auch eine Chance. Alles im Leben hat zwei Seiten. Es liegt an uns, welche Seite wir für uns wichtiger finden – und so bauen wir uns (ob bewusst oder unbewusst) durch jahrelanges Training unsere eigene Sichtweise der Welt zusammen.

Haben wir beispielsweise einen Zug verpasst, können wir uns darüber ärgern. Oder wir lernen auch in dieser Situation, gelassen damit umzugehen. Vielleicht finden wir ja sogar Gefallen daran, ein bisschen mehr Zeit und Ruhe zu haben als geplant. Selbst wenn wir gerade im Zeitstress sind, könnten wir die Zeit trotzdem nutzen und über uns selbst reflektieren. Vielleicht nehmen wir uns dann vor, beim nächsten Mal unsere Reise etwas früher zu starten oder wir überlegen, warum wir eigentlich in solch einem stressigen System feststecken und ob wir daran vielleicht auch etwas verändern können.

Für positive Erlebnisse ist es ganz leicht, Dankbarkeit zu fühlen. Aber ist es dir auch möglich, dankbar für etwas zu sein, wenn es gerade nicht so optimal läuft? Kannst du dankbar sein, weil du gerade die Chance hast, etwas Wichtiges zu lernen?

In diesem Sinne ist es eine ganz wunderbare Übung, einmal zu reflektieren, was du in den letzten Tagen, Wochen oder Monaten alles Wichtiges erlebt hast – egal, ob du es nun zunächst positiv oder negativ bewertet hast. Finde für dich einen Grund zur Dankbarkeit und schreibe so viele Themen wie du finden kannst auf einen großen leeren Zettel. Oben drüber schreibst du „Ich bin dankbar…". Alternativ kannst du für die Übung auch gerne die erste Seite dieser beiden Druckvorlagen nutzen: **www.nils-klippstein.de/ich-bin-dankbar.pdf**

Die Übung geht noch weiter: Schaffst du es, in den nächsten vier Wochen täglich (am besten abends vor dem Schlafengehen) über deinen Tag zu reflektieren und dir dazu drei bis fünf Dankbarkeits-Stichworte oder kurze Sätze aufzuschreiben? Ich verspreche dir, die Mühe lohnt sich. Du wirst sehr viel über dich und dein Leben erfahren – und es wird dein Leben positiv verändern. Vielleicht funktioniert die Technik bei dir sogar so gut, dass du sie nach den vier Wochen einfach weiter nutzen möchtest. Nutze für diese Übung die zweite Seite meiner Durckvorlage:

Ich bin dankbar ...

Montag	Dienstag	Mittwoch	Donnerstag
Freitag	Samstag	Sonntag	

Zeit für mich! Das 3-Tage-Auszeit-Programm zum Selbstfinden und Kraft tanken • ISBN 978-3-931116-96-5 • © 2015 by Nils Klippstein

Wenn du magst, nimm dir die ausgedruckten Vorlagen in deine Auszeit mit. Auf der ersten Seite schreibst du alles auf, wofür du in den letzten Wochen und Monaten dankbar bist, und auf der zweiten Seite kannst du am Abend deines ersten *Seclusion*-Tages deinen dankbaren Rückblick auf diesen Tag beschreiben. Wenn du bereits in deiner Auszeit diese neue Gewohnheit in deinen Tagesablauf etablieren kannst, dann wird es dir leicht fallen, sie auch nach deiner Auszeit weiter zu führen.

Achtsam essen

Ich weiß nicht, ob du für deine Auszeit auswärts essen möchtest oder dir deine Speisen lieber selbst zubereitest. In jedem Falle kannst du diese Zeiten ganz bewusst nutzen und dich in Achtsamkeit üben. Denn, Hand auf's Herz, wie sieht normalerweise im Alltag deine Essenszubereitung aus? Und in welchem Bewusstsein nimmst du das Essen zu dir? Oft sind wir abgelenkt, vielleicht von täglichen Problemen des Alltags, vielleicht denken wir auch an jemand anderen, oder wir träumen in der Vergangenheit oder in der Zukunft herum.

In deiner Auszeit kannst du es anders machen. Schon bei der Vorbereitung kannst du dir zum Beispiel viel mehr Zeit und Ruhe nehmen als sonst. Koche mit Liebe, damit tust du dir selbst ganz viel Gutes! Sei kreativ bei der Zubereitung und dekoriere doch vielleicht deinen Teller mal auf ganz besondere Weise, wie du es sonst vielleicht nicht tun würdest.

Beim Essen selbst kannst du dir dann vornehmen, einmal vollkommen im Hier und Jetzt zu sein. Das geht schon beim Beginn des Essens los: Auch wenn du vielleicht kein Tischgebet sprechen möchtest, wie wäre es denn, wenn du dich vor dem ersten Probieren deiner Speise für diese Mahlzeit innerlich bedankst? Schon ein kurzer dankbarer Gedanke bringt uns augenblicklich in eine ganz andere Stimmung. Er zwingt uns förmlich in das Hier und Jetzt hinein, und wir können uns nicht gleichzeitig mit anderen Gedanken befassen.

Schaue dir deine Mahlzeit einmal ganz genau an. Rieche an der Speise auf deinem Teller. Wenn du mit der Gabel deinen ersten Bissen proportionierst, dann höre doch einmal ganz genau hin, welches Geräusch du dabei wahrnehmen kannst. Und dann: Genieße deine Mahlzeit! Genieße jeden einzelnen Moment. Andere Gedanken kannst du jetzt getrost beiseite schieben. Jetzt bist nur du wichtig und deine Mahlzeit.

Versuche auch einmal genau wahrzunehmen, was diese Speise in dir auslöst. Wenn du jetzt auch noch darauf achtest, mit dem Essen genau dann aufzuhören, sobald du ein angenehmes Sättigungsgefühl empfindest, dann kann diese kleine Übung vielleicht schon ganz viel in deinem Leben verändern.

Nimm dir Zeit!

Egal, was du dir für diesen ersten Tag vorgenommen hast, versuche einfach mal alle Dinge mit besonderer Achtsamkeit und ganz viel Zeit und Ruhe zu machen. Gönne dir den Luxus der Entschleunigung. Unser Alltag ist oft stressig und hektisch genug. Jetzt aber hast du dir Zeit für dich genommen. Dann erlebe dies auch so intensiv und mit so viel innerer Ruhe wie möglich.

Besonders am ersten Tag deiner Auszeit ist diese Entschleunigung sehr wichtig, denn sie gibt den Rhythmus für die nächsten Tage vor. Ich meine damit nicht unbedingt, dass du den restlichen Tag nur faulenzen und schlafen solltest (obwohl dies bei einem besonders stressigen Leben natürlich auch mal nötig sein könnte), sondern vor allem, dass du das Tempo deiner Tätigkeiten auf ein Maß zurückschraubst, wie es sich für dich harmonisch und richtig anfühlt.

Und dazu gehört auch, dass du dir für den ersten Tag nicht zu viel vornehmen solltest. Das Wichtigste an diesem Tag ist das Loslassen vom Alltag und das Ankommen bei dir selbst. Genieße diesen Tag und genieße die Zeit mit dir selbst. Für alles andere ist in den nächsten zwei Tagen noch ganz viel Zeit.

Tag 2

Am zweiten Tag deiner Auszeit bist du bereits angekommen. An deinem Ort, den du dir für diese Auszeit ausgesucht hast, und mit Sicherheit auch ein bisschen mehr bei dir selbst. Und dies wollen wir an diesem zweiten Tag noch weiter intensivieren und nutzen. Abhängig davon, ob du dir bereits eigene Unternehmungen oder Pläne vorgenommen hast, kannst du die nachfolgenden Übungen wiederum als Anregungen sehen. Entscheide einfach ohne eigenen Druck, welche du davon gerne für dich umsetzen möchtest.

Meditation: Öffne dich weiter...

Diese zweite geführte Meditation ist eine Weiterführung der ersten vom gestrigen Tag. Sie baut auf der vorherigen auf, kann aber auch ganz eigenständig erfahren werden. Ich empfehle dir, sie gleich zu Beginn deines Tages zu machen. Wenn du möchtest, kannst du sie natürlich mittags und/oder abends auch nochmal wiederholen.

Den Downloadlink zum Herunterladen der von mir eingesprochenen Version kannst du im entsprechenden Kapitel der Meditation von „Tag 1" finden.

Es folgt nun der Meditationstext für deinen zweiten Tag:

An diesem Tag deiner Auszeit kannst du dich nun innerlich noch ein bisschen weiter öffnen. Wenn du bereits eine entspannte Sitzposition eingenommen hast, dann schließe doch einfach mal deine Augen und genieße diesen wunderbaren Moment... nur für dich... diesen Moment des Loslassens von allen Anspannungen, von allen Sorgen und Problemen...

Ich glaube, du hast in deiner ganz persönlichen Auszeit bereits einige sehr wichtige Erfahrungen machen können. Heute möchte ich dich dazu einladen, dich noch weiter zu öffnen, den Kontakt zu dir und deinem Inneren, zu deinem Herzen, noch intensiver wahrzunehmen.

Spüre doch jetzt einmal in dein Herz hinein, wie fühlt es sich jetzt an gerade? Findest du noch irgendwelche inneren Belastungen oder kannst du dich bereits ganz frei und gelöst fühlen...? Lass einfach mal los, falls dich noch irgendetwas in deinem Herzen bedrücken oder beengen sollte...

Atme bitte einmal tief ein... und wieder aus... und wenn du dazu bereit bist, dann befreie doch jetzt einmal mit dem Ausatmen dein Herz von allen inneren Blockaden und lasse ganz einfach mal los... mit dem nächsten Ausatmen atme einfach alles mit aus, was dein Herz jetzt vielleicht noch bedrücken mag... und öffne dich für das Licht in deinem Herzen... Dieses Licht, das du vielleicht schon gestern in dir spüren konntest.

(5 Sekunden Pause)

Und dieses weiße Licht in deinem Herzen fühlt sich ganz wunderbar an... und breitet sich nun langsam wohltuend in deinem ganzen Körper aus... bis es dich ganz erfüllt. Lasse es einfach mal geschehen und beobachte, wie dieses Licht mit seinem

Ursprung in deinem Herzen jetzt langsam jede Zelle in deinem Körper erfüllt.

(5 Sekunden Pause)

Öffne dich noch weiter für dein eigenes inneres Licht in dir, und lass es jetzt auch über deinen Körper hinaus erstrahlen. Erlaube deinem Licht, sich weiter auszuweiten... wenn du möchtest, kannst du auch mit deinem Atem in dieses Licht hineinspüren und es so Schritt für Schritt, Atemzug für Atemzug weiter ausdehnen...

Weite das Licht in deinem Herzen aus, bis es den ganzen Raum um dich herum erfüllt... Genieße dies einmal, es ist dein eigenes Licht, das du hier in die Welt bringen kannst. Du kannst es ruhig zeigen und zulassen, es ist ganz wunderbar und erfüllt deine Umgebung mit einem Strahlen.

Ich glaube, jetzt gerade werden die Farben um dich herum deutlich heller und intensiver... durch dein Licht, dass du von deinem Herzen aus weiter ausbreitest in die Welt um dich herum.

(5 Sekunden Pause)

Und spüre einfach weiter hinein in diese Ausweitung, spüre weiter hinein in dein Licht... und akzeptiere und genieße, dass du dein Inneres auf diese Weise in der Welt um dich herum zeigst und offenbarst.

Und wenn du möchtest, kannst du dir nun vornehmen, dieses Licht deines Herzens immer wieder im Laufe dieses Tages spüren zu können: in dir und um dich herum. Erlaube deinem Licht doch einfach mal, deinen Tag positiv zu gestalten und zu intensivieren.

Vielleicht inspiriert dich dieses Licht in deinem Herzen heute zu neuen Ideen und Erkenntnissen, vielleicht hilft es dir mit dem einen oder anderen ungelösten Problem... Mit Sicherheit sorgt es dafür, dass du dich heute ganz besonders wohl fühlen darfst. Erlaube dir doch einfach mal, diese Hilfe aus deinem Inneren heute voll und ganz annehmen zu dürfen.

Meditiere jetzt einfach noch so lange weiter, wie DU es gut und richtig findest.

Achtsam leben

Am ersten Tag hast du vielleicht bereits die Gelegenheit gehabt, besonders achtsam und bewusst zu essen (siehe die Übung hierzu im entsprechenden Abschnitt des Buches). Da sich der zweite Tag einer *Seclusion* meistens deutlich intensiver anfühlt, wird es dir vielleicht leicht fallen, den ganzen Tag ganz besonders achtsam zu leben. Achtsam mit dir selbst. Achtsam mit deiner Umgebung.

Versuche heute einmal, bei allen deinen Wahrnehmungen und jeder deiner Handlungen tief in dich hineinzuspüren. Jeder achtsam erlebte Schritt, den du gehst, jede bewusst geführte Bewegung, jede deiner Aktionen und Reaktionen wird so zu einem besonderen Erlebnis, zu einem weiteren Schritt zu mehr Selbsterkenntnis.

Vergeude deine Energie nicht in unsinnigen äußeren Ablenkungen, sondern bleibe heute ganz bei dir selbst, in deinem Inneren. Wie fühlt es sich an, einen bestimmten Gegenstand zu berühren? Ob bei einem Spaziergang oder beim ruhigen Sitzen, in der Natur oder in einem bequemen

Sessel: Was siehst du? Was hörst du? Was riechst du? Was fühlst du?

Versuche, einfach nur wahrzunehmen, ohne alles bewerten zu müssen. Nimm den Fluss des Lebens um dich herum wahr, ohne ihn merklich beeinflussen zu müssen. Lass geschehen, was geschieht.

Atme ganz bewusst, so oft du heute daran denkst. Nutze deinen Atem als Erinnerung, in dir zu verweilen, auch wenn du die äußere Welt um dich herum wahrnimmst.

Je intensiver du diese Achtsamkeit am heutigen Tag erleben kannst und je intensiver deine Gefühle dabei werden, desto eher wird es dir gelingen, ähnliche Erfahrungen auch in dein Alltagsleben zu integrieren.

Deine Lebenswerte

Die für dich wichtigen Werte in deinem Leben haben eine sehr große Macht über die bewussten und unbewussten Entscheidungen, die du täglich triffst. Sie begleiten dich dein ganzes Leben lang. Manchmal ändert sich zwar die Wichtigkeit und Reihenfolge durch bestimmte Erfahrungen oder durch neue Lebensumstände. Meistens bleiben sie dir aber mehr oder weniger stark ausgeprägt immer erhalten.

Umso wichtiger ist es, dass du dir über die für dich wichtigsten Lebenswerte im Klaren bist. Möglicherweise findest du mit Hilfe deiner Lebenswerte sogar Gründe, warum du nicht vollständig glücklich und zufrieden in deinem Leben sein kannst – denn sofern du die für dich wichtigsten Lebenswerte nicht im Alltag leben kannst, hat dies selbstverständlich große Konsequenzen in deinem inneren Erleben. Vielleicht steuerst du dann regelmäßig unbewusst auf Situationen zu, die dir immer wieder einen Spiegel mit deinen Lebenswerten vorhalten, damit du aus den Erkenntnissen lernen und etwas in deinem Leben verändern kannst.

Ich möchte dir hier eine Übung zeigen, wie du spielerisch und intuitiv die Reihenfolge deiner Lebenswerte bestimmen kannst. Dazu gibt es ein Arbeitsblatt zum Downloaden und Ausdrucken mit 27 wichtigen Werten. Diese wurden von verschiedenen Psychologen und Autoren als für die meisten Menschen besonders wichtig ermittelt. Am besten, du druckst dir den Arbeitsbogen aus und liest dir die darauf abgedruckten Werte einmal in Ruhe durch. Vielleicht fühlst du bereits spontan eine gewisse Zuneigung oder Abneigung zu bestimmten Werten?

Hier das Arbeitsblatt zum Download: **www.nils-klippstein.de/meine-lebenswerte.pdf**

Meine Lebenswerte

Sicherheit	Aktivität	Freiheit	Abenteuer	Status
Gerechtigkeit	Eros	Herausforderung	Familie	Sparen
Spaß	Ruhm	Harmonie	Freude	Erfolg
Beziehungen	Ordnung	Reichtum	Ehre	Anerkennung
Ruhe	Genuss	Macht	Schönheit	Neugier
Idealismus	Unabhängigkeit			

Zeit für mich! Das 3-Tage-Auszeit-Programm zum Selbstfinden und Kraft tanken • ISBN 978-3-931116-96-5 • © 2015 by Nils Klippstein

Einige Felder sind noch leer und unbeschriftet – sofern du das Gefühl hast, in deinem Leben gibt es noch einen anderen ganz wichtigen Wert, dann schreibe ihn doch bitte einfach an eine der freien Stellen. Vielleicht sagt dir auch die eine oder andere Bezeichnung eines Wertes persönlich nicht zu und du würdest lieber einen anderen Begriff wählen, der deinen Wert treffender beschreibt? Dann streiche den entsprechenden Begriff durch und notiere dir dein eigenes Wort in einem der freien Plätze.

Ich hoffe, du hast bei der Vorbereitung deiner Auszeit daran gedacht, eine Schere mitzunehmen? Als nächstes möchte ich dich nämlich bitten, die Felder auseinanderzuschneiden, so dass du kleine Kärtchen erhältst. Zur Not kannst du den Arbeitsbogen auch an den Linien falten und die Kärtchen dann ganz vorsichtig herausreißen, zum Beispiel an einer scharfen Tischkante oder vorsichtig mit den Händen.

Versuche dann einmal, aus den Kärtchen die für dich wichtigsten fünf bis acht Werte herauszufinden. Die anderen Begriffe legst du zunächst zur Seite. Stelle dir dazu die Frage: Welche Werte möchte (oder muss?) ich auf jeden Fall in einem für mich ausreichenden Maß erleben? Auf welche Werte möchte ich auf keinen Fall in meinem Leben verzichten?

Nachdem du diese erste Vorauswahl treffen konntest, versuche bitte einmal, eine Rangfolge für dich zu finden. Die folgenden Fragen können dir dabei helfen:

- Welcher Wert ist für dich der absolut wichtigste in deinem Leben, der im besten Falle zu 95-100% erfüllt sein sollte, damit du dich wirklich zufrieden und glücklich fühlen kannst?

- Welche Werte kommen in ihrer Wichtigkeit für dein Leben als nächstes?

- Welche Werte lebst du auch dann, wenn du alleine bist und dich niemand beobachtet?

- Welche lebst du nur dann, wenn du dich unbeobachtet fühlst?

- Bei welchen tut es richtig weh, wenn sie jemand verletzt?

- Welche Werte geben dir Selbstbewusstsein?

- Hast du einige Werte auch schon bei Gegenwind durch andere Personen öffentlich vertreten und deinen Standpunkt klargestellt?

Spiele ruhig ein wenig mit den Kärtchen und ihrer Anordnung herum, denn dies ist der große Vorteil im Gegensatz zu einer geschriebenen Liste. Platziere die Kärtchen vor dir auf dem Fußboden oder auf einem Tisch und finde die in deinen Augen passende Reihenfolge. Vielleicht möchtest du an bestimmten Stellen eine größere Lücke lassen, an anderen lässt du die Kärtchen eventuell überlappen, um eine Verbundenheit einiger Werte darzustellen? Wenn du dich nicht immer entscheiden kannst, welcher von zwei Werten der wichtigere ist, lege sie einfach gleichberechtigt nebeneinander.

Hast du deine Rangfolge gefunden, dann möchtest du vielleicht ein Foto deiner kleinen Kärtchen-Collage machen. Wenn du das Foto zum Beispiel mit deinem Smartphone aufnimmst, hast du deine Werte immer bei dir und kannst dich regelmäßig an ihre Wichtigkeit erinnern. Oder du schreibst dir die Reihenfolge auf einen kleinen Zettel und führst ihn zukünftig mit dir.

Für zukünftige kleinere und größere Entscheidungen kann dir das Wissen über die Wichtigkeit und Rangfolge deiner Werte enorm weiterhelfen. Je nachdem, ob du zum Beispiel eher „Freiheit" oder eher „Sicherheit" oder „Harmonie" bevorzugst, leitet sich daraus vielleicht dein nächster Urlaubswunsch ab. Oder du kannst deine jetzige Arbeitssituation kritisch durchleuchten und entscheiden, ob es vielleicht an der Zeit ist, hier etwas zu verändern.

Auch in der Partnerschaft ist das Wissen um deine Lebenswerte von enormer Wichtigkeit. Vergleiche deine Werte einmal mit den Werten deines Partners: Welche Gemeinsamkeiten könnt ihr noch besser ausleben? Aus welchen Unterschieden könnt ihr noch mehr voneinander lernen?

Werte als Lernaufgabe

Es gibt noch eine weitere Übung, die du mit deinen Werte-Kärtchen machen kannst: Sortiere doch einmal drei bis fünf Werte heraus, die bei dir die größte Ablehnung hervorrufen. Entscheide dies am besten spontan und intuitiv, ohne langes Nachdenken. Vielleicht möchtest du auch diese mit für dich negativen Gefühlen besetzten Werte in eine Rangfolge bringen?

Nun stelle dir als nächstes die Frage, ob du vielleicht aus diesen für dich eher unangenehmen Werten etwas zu lernen hast in deinem Leben. Hast du eventuell eine innere Ablehnung gegen Reichtum und Wohlstand? Findest du, dass Ordnung in deinem Leben überflüssig sei? Hast du vielleicht Angst vor Abenteuern? Und warum ist das so? Sei bitte hier ganz besonders ehrlich mit dir selbst, dies kann manchmal ganz wunderbare Erkenntnisse hervorbringen, die dein Leben in neue Bahnen lenken können. Lebenslanges Lernen und schonungslose Ehrlichkeit sind enorm wichtig für unseren Weg zu uns selbst.

Lust auf Veränderung?

Wenn du möchtest, kannst du eine persönliche Auszeit wunderbar dazu verwenden, deine verschiedenen Lebensbereiche einmal kritisch zu durchleuchten. Wie zufrieden und erfüllt fühlst du dich in den unterschiedlichen Aspekten deines Lebens? Würdest du gerne etwas verändern und wenn ja, was könnte das sein?

Nimm dir für diese Übung neun Blätter Papier und einen Stift in die Hand und gehe dann in Gedanken die folgenden Lebensbereiche einzeln durch:

1. Freunde & soziale Kontakte

2. Partnerschaft & Familie

3. Gesundheit & Körper

4. Arbeit & Beruf (-ung)

5. Finanzen & Besitz

6. Bildung, Wissen & Können

7. Persönlichkeit (Charakter, Werte, Reputation)

8. Spiritualität, Glaube, innere Ausgeglichenheit

9. Freizeit & Entspannung

Schreibe dir jeweils auf einem neuen Blatt Papier zu jedem der neun Lebensbereiche alles auf, was dir jetzt gerade in den Sinn kommt. Diese Fragen können dir dabei helfen:

- Wie wichtig ist dir dieser Bereich in deinem Leben?

- Wie sehr erfüllt dich dieser Lebensbereich? Gibt er dir Kraft oder kostet er dich welche?

- Was könntest du in diesem Lebensbereich verändern?

Wenn du möchtest, kannst du auch deine Werte-Kärtchen aus der vorhergehenden Aufgabe mit einbeziehen. Lebst du deine wichtigsten drei Werte in einem bestimmten Lebensbereich oder hindert dich (noch?) etwas daran, dies zu tun?

Die Übung funktioniert besonders gut, wenn du ohne langes Nachdenken und ohne Pause für mindestens zehn Minuten am Stück schreibst, was dich bewegt. So ermöglichst du besonders deinen unterbewussten Gefühlen, sich einfach mal ausdrücken zu können, ohne dass sich dabei der manchmal allzu kritische Verstand mehr als notwendig einmischt.

Bei neun Lebensbereichen und mindestens jeweils zehn Minuten möglichst unterbrechungsfreiem Schreiben wirst du für diese Übung ungefähr eineinhalb Stunden benötigen. Deine Zeit ist jedoch hervorragend investiert, denn die Ergebnisse können wirklich sehr erhellend sein!

Vielleicht möchtest du dir deine Aufzeichnungen mit etwas zeitlichem Abstand (zum Beispiel morgen) noch einmal vornehmen und dabei alles unterstreichen, was dir besonders ins Auge fällt. Das können zum Beispiel Wiederholungen und Überschneidungen sein, die sich durch mehrere deiner Lebensbereiche ziehen. Zusätzlich könntest du auch die Dinge farbig markieren, die du in den nächsten Wochen in deinem Leben bearbeiten und verändern möchtest. Hierzu biete ich dir auch noch eine ergänzende Übung an, die du im Kapitel zum „Tag 3" findest.

Tag 3

Am dritten Tag deiner Auszeit wollen wir uns darauf konzentrieren, die neuen Erfahrungen und Erkenntnisse über dich selbst in deinen Alltag zu integrieren und dabei die eine oder andere positive Veränderung mitzunehmen.

Ich finde es außerdem sehr wichtig, am dritten Tag noch einmal ganz besonders die Ruhe und den Frieden in sich selbst zu genießen. Darum findest du in diesem Kapitel nicht so viele Übungen wie an den anderen Tagen. Wenn du zusätzliche Ideen für die Gestaltung dieses Tages suchst, wirst du vielleicht im darauf folgenden Kapitel „Weitere Anregungen" fündig.

Meditation: Integration in deinen Alltag

Den Downloadlink zum Herunterladen der von mir eingesprochenen Meditationen kannst du im entsprechenden Kapitel von „Tag 1" finden.

Es folgt nun der Meditationstext für deinen dritten Tag:

Du bist jetzt am dritten Tag deiner Auszeit angekommen. Das Licht in dir ist stärker geworden, du hast dein Inneres erspüren können... und vielleicht möchtest du dieses Gefühl der Verbundenheit mit dir selbst nun gerne mit in deinen Alltag nehmen... damit du dein Leben Schritt für Schritt positiv in eine Richtung verändern kannst, die dich immer weiter zu deinem wahren inneren Selbst führt...

Und auch in dieser Meditation kannst du dich jetzt ganz wunderbar entspannen... und in diesem Moment einfach mal loslassen... von all den Gedanken und Plänen, die du vielleicht in den vergangenen Tagen gemacht hast... Jetzt kannst du dir erlauben, einfach mal die Nähe zu dir selbst zu genießen... Gönne es dir doch einfach mal... und schau, wie wunderbar sich das anfühlt...

Fühl nun wieder in dein Herz hinein... und spüre dein inneres Licht in deinem Herzen... wie es in diesen beiden Tagen gewachsen ist... wie es stärker geworden ist... und nun ganz klar und rein in dir erstrahlt...

Verteile dieses Licht in deinem Herzen mit Hilfe deines Atems in deinem ganzen Körper... beim Einatmen spürst du das Licht ganz intensiv in deiner Mitte... und beim Ausatmen verteilst du dein inneres Licht in deinem ganzen Körper... Und schau mal, wie sich das anfühlt... so wunderbar... so leicht...

Nun stelle dir einmal vor, du bringst dieses Licht in dir überall dorthin mit, wo du gehst... Es ist mit dabei, wenn du deinen alltäglichen Beschäftigungen nachgehst... Es ist mit dabei, wenn du andere Menschen triffst... und weil es aus deinem Herzen kommt, kann es dir auch manchmal den Weg zeigen, wenn du Entscheidungen treffen möchtest... dich inspirieren... dass du dich immer mehr den Dingen zuwendest, die wirklich wichtig für dein Herz sind...

Und vielleicht wäre es doch einmal interessant für dich zu sehen, wie anders dein Leben wäre... und wie es sich anfühlen würde, wenn du deinem Herzenslicht gestattest, dein Leben Schritt für Schritt zu verändern.

Wenn du möchtest, reisen wir jetzt einmal gemeinsam in eine mögliche Zukunft von dir. Nimm mich doch einfach mal mit in eine vorgestellte Zukunftsvision, so wie du vielleicht in fünf oder sechs Jahren leben könntest: Wo wäre dies? Wie sieht es dort aus? Mit wem würdest du dort leben, mit welchen Menschen deine Zeit verbringen? Wie sähen deine Beschäftigungen aus? Und am wichtigsten: Wie fühlt sich das für dich an?

Ich gebe dir jetzt einige Momente ganz für dich selbst, damit du dich einmal so intensiv wie möglich in diese Zukunftsvision hineinfühlen kannst. Erspüre deine Umgebung und ganz besonders das Gefühl in deinem Herzen... Lass dir ruhig einen Augenblick Zeit, um diesen besonderen Moment, diese besondere Vorstellung, ganz tief auf dich wirken zu lassen.

(30 Sekunden Pause)

Wo immer du jetzt auch gerade bist, weißt du noch, wie dein Tag hier in dieser Zukunftswelt begonnen hat?

Was machst du jetzt gerade?

Sind andere Menschen in deiner Umgebung?

Kannst du etwas Besonderes hören oder riechen? Was siehst du um dich herum?

Wenn du möchtest, dann zeige mir doch einmal diesen Ort in deiner Zukunft: Stelle ihn mir in allen Einzelheiten vor, erkläre mir vielleicht auch, was hier für dich besonders wichtig ist...

Je intensiver du diesen Moment in dieser möglichen Zukunftswelt für dich wahrnehmen kannst, desto einfacher wird es für dich, dies auch in deinem Leben Schritt für Schritt umzusetzen.

Vertraue dabei einfach auf das Licht in deinem Herzen, das dich sicher leiten und begleiten wird. Wenn du dich diesem Licht weiter öffnen kannst, dann sind die Einzelheiten, die dich zu diesem Ort führen werden, gar nicht so wichtig. Es wird dann alles ganz einfach genau so um dich herum entstehen, wie du es zum Erreichen deiner vorgestellten Zukunft benötigst.

Vertraue einfach nur der Stimme und deinem Licht in deinem Herzen. Jeden Tag ein bisschen mehr.

Meditiere nun noch so lange weiter, wie es sich für dich richtig und gut anfühlt.

Deine persönliche Aufgabenliste

Der dritte Tag deiner Auszeit eignet sich hervorragend dazu, eine oder mehrere Listen mit persönlichen Aufgaben zu erstellen, die du in den nächsten Tagen oder Wochen gerne angehen möchtest, um etwas in deinem Leben zum Positiven zu verändern.

Mit Aufgaben meine ich hier nicht Dinge wie „die Rosen im Garten schneiden", sondern nur solche, die dein Leben erfüllter machen und dich näher zu dir selbst bringen. Wenn du die Übungen zum Finden deiner Lebenswerte und zum aktuellen Status deiner Lebensbereiche (siehe Kapitel „Lust auf

Veränderung?") am zweiten Tag deiner Auszeit gemacht hast, wirst du inzwischen sicherlich schon eine ganze Menge Ideen, Vorstellungen oder sogar Visionen haben, wie du dein Leben für dich noch lebenswerter gestalten kannst.

Damit du deine Ideen nun auch Schritt für Schritt verwirklichen kannst, brauchst du vor allem eins: Klarheit. Eine lange unsortierte Liste mit vielen kleineren und einigen größeren Zielen, Wünschen und Ideen wird vielleicht bereits einige Tage oder Wochen nach deiner persönlichen Auszeit vergessen sein – denn oft holt uns der hektische Alltag ganz schnell wieder ein.

Es ist also wichtig, dass du für dich einen Weg findest, wie du deine Ziele, Wünsche und Visionen auch tatsächlich angehen kannst, ohne dass dies in Stress ausartet, als zu große Anstrengung oder sogar Belastung gesehen wird oder möglicherweise einfach unpraktikabel innerhalb deines normalen Alltagslebens zu sein scheint.

Wie schon bei der Sortierung deiner Lebenswerte ist auch hier eine Rangfolge deiner Aufgaben sehr nützlich. Möchtest du die wichtigsten und größten Ziele und Pläne gleich als erstes angehen, damit sie bei dir nicht in Vergessenheit geraten? Oder ist es dir vielleicht wichtiger, erst mal ein paar kleinere, nicht ganz so wichtige, Aufgaben fertig zu stellen, um danach den Kopf wirklich frei zu haben für deine größten Visionen? Oder wäre gerade dieser Weg vielleicht nur ein unnötiges Aufschieben der wirklich wichtigen Dinge in deinem Leben und würdest du vielleicht in zwei bis drei

Wochen gar nicht mehr an sie denken, weil du viel zu sehr mit all den kleineren Aufgaben beschäftigt bist?

Vielleicht helfen dir hier deine Aufzeichnungen vom zweiten Tag zu deinen persönlichen Lebensbereichen weiter. Wenn du sie auf unterschiedliche Seiten geschrieben hast, dann könntest du sie genauso wie die Kärtchen mit den Lebenswerten spielerisch und intuitiv vor dir auf dem Fußboden oder auf einem Tisch ausbreiten und in eine Reihenfolge bringen. Für welche deiner Lebensbereiche wünschst du dir die größten Veränderungen? Hast du dir hierzu vielleicht bereits konkrete Ziele und Aufgaben aufgeschrieben – dann könntest du diese Passage auf den jeweiligen Blättern zum Beispiel farblich markieren oder sie dir noch einmal auf einem separaten Zettel aufschreiben. Auch hier bietet sich bestimmt die Unterteilung in die neun verschiedenen Lebensbereiche an.

Wenn du einen Terminkalender benutzt, so könntest du dir vielleicht ein- bis zweimal pro Woche einen Termin mit dir selbst eintragen und hier einige deiner Ideen und Aufgaben in den Kalender eintragen. Bitte verteile dann aber die Aufgaben auf einen längeren Zeitraum und versuche nicht, alles gleich in den nächsten Tagen umsetzen zu wollen. Hier besteht meiner Meinung nach die größte Gefahr: Zu viele Aufgaben, die du in der Kürze der Zeit sowieso nicht verwirklichen kannst, frustrieren dich am Ende nur und führen dazu, dass du nicht viel umsetzen wirst. Versuche also, eine gesunde Balance zu finden und frage zwischendurch immer wieder dein Herz bzw. die Stimme deiner Intuition, ob sich deine Pläne richtig gut anfühlen und ob du ein angenehmes Gefühl dabei hast, diese bald verwirklichen zu können.

Übrigens kommt es in meinen Augen gar nicht immer so sehr um das tatsächliche Erreichen von selbstgesetzten Zielen an. Ein Ziel gibt mir jedoch eine Richtung vor, in die ich mich Schritt für Schritt bewegen möchte. Sehr häufig ändere ich meine Ziele immer wieder ein wenig und passe sie den äußeren Gegebenheiten an.

Mittlerweile habe ich mich durch das Leben auf der wunderschönen Insel Teneriffa auch daran gewöhnt, meine Ziele nicht mehr wie früher mit konkreten Zeitangaben zu versehen. Für mich persönlich hat dies immer zu einem gewissen Stresspotenzial geführt, wodurch ich mich dann ein Stück weiter von mir selbst entfernt habe. Diese Sichtweise ist jedoch nicht für alle Menschen gleichermaßen passend. Manche benötigen feste Zeitvorgaben, um die nötige Energie für eine Aufgabe bereitstellen zu können. Anderen ist das eigentliche Ziel nicht so wichtig, solange die grundsätzliche Ausrichtung im Leben passt und Schritt für Schritt weiter verwirklicht wird.

Ein Brief an dich selbst

Während deiner dreitägigen *Seclusion* spürst du vielleicht ganz klar und deutlich, dass du etwas in deinem Leben verändern möchtest. Vielleicht fühlst du einen starken Willen, hast viele Ideen. Doch wenn dich der Alltag erst einmal wieder eingeholt hat, kann dies leider auch schnell wieder in Vergessenheit geraten, zum Beispiel durch Stress, Ablenkungen oder auch Bequemlichkeit.

Schreibe darum einen ganz persönlichen Brief an dich selbst, in dem du dich selbst erinnerst und dazu aufforderst, Dinge anzupacken. Wenn du Angst vor bestimmten Veränderungen hast, dann mache dir selbst Mut in deinem Brief. Wenn du der Meinung bist, nicht genügend Kenntnisse für bestimmte Pläne zu haben, dann schreibe dir Ideen auf, wie du diese erlangen könntest.

Besonders wichtig in diesem Brief sind die Gefühle, die du während des Schreibens hast. Versuche, diese möglichst intensiv wiederzugeben, denn beim späteren Lesen wirst du dich an die besondere Stimmung beim Schreiben erinnern können. Dies hilft dir dann später dabei, die Wichtigkeit deiner Pläne und Ideen (wieder) zu erkennen.

Deinen fertigen Brief steckst du in einen Briefumschlag, den du auch ganz normal zuklebst und vorne mit deinem Namen und eventuell auch mit deiner Adresse versiehst. Damit ist der erste Teil der Übung abgeschlossen.

Nun musst du nur noch dafür sorgen, dass du diesen Brief nach ein oder zwei Monaten zum Lesen erhältst. Du könntest eine Freundin oder einen Freund darum bitten, ihn nach einer (ungefähr) verabredeten Zeit mit der Post abzuschicken. Dann ist vielleicht die Überraschung und die Freude besonders groß, wenn du deinen Brief mit einem Mal in deinem Briefkasten findest, vielleicht an einem Tag, wo du ihn bereits wieder vergessen hast.

Du könntest den Brief auch hinter ein Kalenderblatt kleben, um nach ein oder zwei Monaten wieder darauf aufmerksam zu werden. Oder du „versteckst" ihn in einem Schrank oder einer Schublade und schreibst dir einen Termin in deinem Smartphone oder Terminkalender auf, und am besten auch gleich den Ort, wo du den Brief verwahrt hast – denn es kann sehr frustrierend sein, ihn später nicht mehr wiederzufinden.

Ich bin gespannt, welche Erkenntnisse dir sowohl das Schreiben, als auch das spätere Lesen deines Briefs bringen wird!

Positive Gedanken an andere senden

Ich hoffe, am dritten Tag deiner Auszeit fühlst du dich deutlich näher bei dir selbst als noch einige Tage zuvor – denn dies ist ja der eigentliche Sinn deiner Auszeit. Wenn du dich heute positiv gestärkt fühlst, dann kannst du dieses Gefühl noch weiter intensivieren, in dem du positive Gefühle und Gedanken an andere Menschen sendest.

Klingt das egoistisch? Nur, wenn du es so sehen willst. Ich möchte es dir damit nur besonders leicht machen, das

Prinzip von Geben und Nehmen mehr in dein Leben zu integrieren. Viele „gutherzige" Menschen haben nämlich viel eher ein Problem damit, ständig zuviel geben zu wollen und vergessen sich dabei ganz gerne mal selbst. Bei ihnen kommt das Nehmen zu kurz. Sie neigen dann vielleicht dazu, sich selbst zu sehr zu verausgaben, stehen möglicherweise dem Burnout oder auch einer Depression bedrohlich nahe.

Darum, *erlaube* dir doch einfach mal den Gedanken, dass du andere Menschen aus ganz eigennützigen Gedanken heraus mit Glück und Liebe beschenken möchtest. Denn was immer du da aussendest, kommt in mehrfacher Form zu dir zurück.

Die alten Weisen aus dem Osten und auch unsere heutigen Quantenphysiker bestätigen uns das heutige Weltbild, das alles mit allem verbunden ist – ja, dass es keine wirkliche Grenze zwischen den Dingen und den Lebewesen in der Welt gibt. Wo hörst *du* auf und wo fängt der Stuhl, auf dem du jetzt vielleicht gerade sitzt, an? Die Quantenphysik kann das nicht genau definieren, denn die kleinsten Teile unserer Materie machen nur einen winzigen Teil der Welt aus. Der Rest besteht aus „Nichts" (sagen manche Wissenschaftler) oder „Energie" oder „dunkler Materie" (sagen andere).

Es gibt also einen fließenden Übergang zwischen allen Dingen und dazwischen ein komplexes System von Verbindungen, das wir heute nur ansatzweise begreifen können. Nach diesem Weltbild sind viele Erlebnisse, die wir vielleicht manchmal als „Zufall" abtun, vielleicht gar nicht so zufällig, wie wir meinen.

Ich bin mir fast sicher, dass auch du regelmäßige Erlebnisse der Synchronizität erlebst, wenn zum Beispiel eine andere Person gerade an dich denkt und du verspürst gleichzeitig den Wunsch, diese anzurufen – oder du und eine dir sehr nahestehende Person habt den gleichen Gedanken oder das gleiche Gefühl zur gleichen Zeit.

Mit diesem Hintergrund erscheint es beinahe logisch, dass du mit positiven Gedanken und Gefühlen an eine andere Person auch etwas in deren Umfeld verändern kannst. Aber nur für den Fall, dass dir dies zu esoterisch erscheinen mag, es gibt Studien von anerkannten Psychologen, wie zum Beispiel die „Broaden-and-Build Theory of Positive Emotions" von Barbara Fredrickson, bei der Probanden über einen längeren Zeitraum täglich üben sollten, positive, liebevolle Gedanken über andere Menschen zu kultivieren. Das Ergebnis der Studie war, dass sich die Probanden mit der Zeit selbst deutlich besser fühlten als die Personen aus einer Vergleichsgruppe.

Du siehst, es erscheint also beinahe unsinnig, *keine* positiven Gedanken an andere Menschen zu senden. Nach dieser langen Einführung kommen wir jetzt zur eigentlichen Übung...

Stelle dir jetzt einmal eine dir nahestehende Person deiner Wahl vor. Es ist nicht so wichtig, wie deutlich du diesen Menschen vor deinen inneren Augen sehen kannst, viel entscheidender ist der Grad deiner Konzentration und deiner Gewissheit, genau diese Person jetzt klar und deutlich in deiner Nähe *spüren* zu können.

Als nächstes stellst du dir vor, wie dieser Mensch rundherum glücklich und zufrieden mit sich selbst ist, lächelt und strahlt, zentriert in seiner inneren Mitte. Wenn du möchtest, kannst du dir auch vorstellen, wie diese Person in Sonnenstrahlen gebadet vor dir steht, oder auch, wie sie in ein helles Licht gehüllt ist. Kannst du dich für diesen Menschen freuen, wenn er selbst glücklich ist?

Manche intensivieren dieses Vorstellungsbild gerne noch, indem sie die Person in ihrer Vorstellung umarmen, andere bevorzugen einen respektvollen Abstand und lassen den nahestehenden Menschen ihre innere und äußere Freiheit, so dass sie ganz sie selbst sein dürfen. Wichtig ist eigentlich nur, dass du selbst gute Gefühle für diesen Menschen empfinden kannst und diese in welcher Form auch immer in deiner Vorstellung an den anderen Menschen übermitteln und von ganzem Herzen *gönnen* kannst.

Ebenfalls sehr wichtig finde ich es, dass du anderen Menschen nicht deinen eigenen Willen aufdrückst. Gebe Licht, Liebe, Energie und/oder Frieden, was sich auch immer für dich richtig anfühlt. Aber versuche lieber nicht, ganz konkrete Wünsche an die Person zu äußern, auch wenn diese vielleicht gut gemeint sind. Jeder Mensch macht seine eigenen Entwicklungsschritte, und du kannst nie genau wissen, welche das in diesem Moment gerade für eine andere Person sind.

Nach ein bis zwei Minuten konzentrierter Vorstellung suche dir einen weiteren Menschen aus, den du mit positiven Gefühlen beglücken möchtest. Es muss auch nicht immer eine dir nahestehende Person sein, warum nicht auch mal dem Postboten oder der netten Verkäuferin an der Käsetheke etwas Gutes tun...? Suche dir auf diese Weise ganz nach deiner augenblicklichen Lust und Laune noch zwei bis drei weitere Menschen aus deinem Umfeld aus.

Dies ist eine sehr kraftvolle Übung. Wenn sie dir gefällt und du dich hinterher sogar noch besser fühlst als vorher, möchtest du sie vielleicht täglich üben? Nach einigen Tagen oder Wochen wird dies schnell zu einer sehr positiven Angewohnheit.

Weitere Anregungen

Umgang mit negativen Stimmungen

Wenn wir üblicherweise in unserem Alltag „funktionieren"
müssen und dabei wenig Zeit für uns und unsere Bedürfnisse
reservieren, dann kann es durchaus passieren, dass während
einer mehrtägigen Entspannungsphase eine negative Stimmung auftritt. Vielleicht möchte sich dort ein Teil von dir
Gehör verschaffen, den du sonst stark vernachlässigt oder
sogar verdrängt hast?

Je nachdem, wie intensiv sich diese Stimmung für dich
anfühlt, kannst du damit ganz unterschiedlich umgehen.
Wichtig finde ich zunächst, negative Gefühle oder Gedanken
ganz objektiv auch als solche zu erkennen. Vielleicht
möchtest du dann einfach mal für eine Weile „gar nichts"
tun, vielleicht brauchst du auch nur etwas mehr Schlaf?

Die Verdrängung dieser Gedanken und Gefühle hilft dir langfristig nicht weiter, denn dieser Anteil in dir möchte gehört werden. Andererseits möchtest du vielleicht nicht unbedingt, dass diese Stimmung den Rest deiner persönlichen Auszeit diktiert. Du könntest also einen Kompromiss finden: Wie wäre es mit einem ein- bis zweistündigen Spaziergang, während du aktiv und bewusst über diese Gedanken oder Gefühle in dir nachdenkst? Ein Ortswechsel und auch die Bewegung an der frischen Luft kann dich schnell zu neuen Ideen und Erkenntnissen führen.

Vielleicht möchtest du dich auf deinem Weg auch für eine Weile auf eine Bank oder in einem Café hinsetzen und einige Gedanken aufschreiben, die dir in dieser besonderen Schlechtwetterstimmung in den Sinn kommen? Das Aufschreiben kann sehr erfüllend sein: du gibst deiner Stimmung Zeit und Raum zum Ausdruck, aber „versinkst" gleichzeitig nicht in ihr. Durch das Schreiben und das aktive Auseinandersetzen bringst du die damit verbundenen Gedanken und Gefühle in Bewegung, insbesondere in Verknüpfung mit dem bereits angesprochenen Spaziergang.

Möglicherweise findest du auf diese Weise ja auch ganz konkrete Dinge, die du in deinem Leben verändern möchtest. Höre also besser genau hin, was dir dieser Teil deines Inneren zu erzählen hat, und versuche dabei möglichst immer, im Lösungsbewusstsein zu bleiben – denn zu jedem Problem gibt es eine Lösung für dich.

Wenn dir nach längerem Zuhören und Hineinfühlen die schlechte Stimmung irgendwann immer noch allzu grau erscheint, kannst du natürlich auch jederzeit die bewusste Entscheidung treffen, aus ihr heraus- und in eine andere Stimmung hineinzutreten. Das funktioniert oft besonders gut, wenn du dir ganz einfach eine Aktivität aussuchst, die dir Freude bereitet. Dazu kannst du innerlich den Wunsch ausdrücken, dass du deine Zeit ab jetzt wieder genießen möchtest. Schon diese bewusste Entscheidung kann zum Beispiel auf biochemischer Ebene deinen Körper mit Endorphinen (körpereigenen Botenstoffen) versorgen, die dich schnell in eine positive Gemütslage katapultieren.

Dein Seelen-Tagebuch

Vielleicht findest du vor deiner Auszeit ein besonders schönes Ringbüchlein oder auch ein schlichtes Schreibheft, denn eine Auszeit bietet dir eine gute Gelegenheit, um mit einem Tagebuch zu beginnen. Ich meine natürlich nicht so eins, das du vielleicht in Kindheitstagen für Urlaubserlebnisse geschrieben hast. In dein Seelen-Tagebuch kommen nur die Erlebnisse, Gedanken, Gefühle, Träume, Wünsche, Ziele und Visionen, die dich innerlich ganz besonders tief berühren.

Ich habe so ein Tagebuch immer mal wieder gerne einige Wochen lang in Zeiten geführt, in denen sich besonders viel in mir oder um mich herum verändert hat. Das Schreiben half mir, innere Prozesse besser verarbeiten zu können oder meinen Fokus verstärkt auf die Dinge zu richten, die ich gerade verändern wollte.

Ein Tagebuch ist ein Gespräch mit dir selbst, und es ist selbstverständlich auch nur für dich selbst gedacht. Wenn du beim Schreiben Angst hast, dein Partner oder eine andere Person könnte es später lesen, brauchst du eine Lösung dafür, damit du beim Schreiben auch ehrlich zu dir selbst sein kannst: Entweder du machst es anderen Personen unmöglich, an deine Texte zu gelangen oder du lernst zu vertrauen. Du kannst auch die bewusste Entscheidung treffen, dass es dir schlichtweg egal ist, wenn jemand anderes deine Gespräche mit dir selbst lesen möchte.

Schreibe in dein Seelen-Tagebuch zum Beispiel deine Gefühle und Gedanken auf, die du bei bestimmten Erlebnissen während des Tages hattest. Dies hilft oftmals auch, wenn du vielleicht abends vor lauter Gedanken im Kopf nicht zur Ruhe kommen und in den Schlaf finden kannst: Schreibe dann einfach alles auf, was dich bewegt: Dieser Prozess des Hervorholens deiner „inneren Angelegenheiten" ermöglicht es dir, diese Dinge anschließend auch besser loslassen zu können.

Wenn du deine Wünsche und Ziele in dein Tagebuch schreibst, ist der eigentliche Prozess des Schreibens manchmal wichtiger als die spätere Möglichkeit, deine Worte nochmals nachlesen zu können. Durch das Aufschreiben fokussierst du dich innerlich und teilst sowohl deinem Tages-Bewusstsein als auch deinem Unterbewusstsein mit, was dir wichtig ist und welche Veränderungen du angehen möchtest.

Allein durch das Aufschreiben setzt du also bereits innere Prozesse in Gang, die zu positiven Veränderungen in deinem Leben führen können.

Allerdings solltest du versuchen, dich beim Schreiben vor allem auf die positiven Seiten deiner Erlebnisse und Gefühle zu konzentrieren. Dadurch verstärkst du diese nämlich in deinem Leben, ziehst also weitere positive Gefühle und Erlebnisse an. Das gibt dir dann wieder mehr zu schreiben, was wiederum neue positive Dinge in dein Leben zieht, undsoweiter...

Beim Schreiben ist es oftmals eine schöne Erfahrung, wenn du es schaffen kannst, den logischen Denkapparat in deinem Kopf ein wenig herunterzudrosseln – und dich in einen gefühlvollen und kreativen „Flow" hineinzuschreiben. Dazu kann es manchmal vorteilhaft sein, einfach ohne eine Pause weiterzuschreiben, auch wenn dir der eine oder andere Satz möglicherweise manchmal nicht so sinnvoll erscheinen mag. Nach einigen Minuten konstanten Schreibens öffnet sich dein Unterbewusstsein mehr und mehr und kann dir oftmals wunderbare neue Erkenntnisse über dich und deine innere Welt mitteilen.

Vielleicht entstehen hier ja auch ganz konkrete neue Ideen, die du dann gleich auf deine Aufgabenliste oder direkt in deinen Terminkalender übertragen möchtest?

Wenn du möchtest, führe dein Seelen-Tagebuch doch auch nach deiner Auszeit weiter. Viele legen es sich dazu als Erinnerung neben ihren Nachttisch und nehmen sich vor dem

Schlafengehen einige Minuten Zeit. Wenn du an manchen Tagen nicht so viel schreiben möchtest, notiere dir doch einfach drei bis fünf Stichworte, für welche Erlebnisse oder Erkenntnisse du am jeweiligen Tag ganz besonders dankbar sein konntest.

Nachdem du dein Seelen-Tagebuch einige Wochen oder Monate geführt hast, ist es natürlich oft ziemlich spannend, es später einmal durchzublättern: Kannst du dich beim Lesen in die jeweilige Stimmung hineinversetzen, die du beim Schreiben am jeweiligen Tag hattest? Siehst du manche Dinge mittlerweile anders? Was hat sich seitdem verändert?

Wie du in drei Tagen ein Buch schreibst

Vielleicht möchtest du deine Auszeit dafür verwenden, endlich ein lang geplantes Buch zu schreiben. Drei Tage können für den ersten Entwurf ausreichen, sofern deine Schreibgeschwindigkeit überdurchschnittlich schnell ist oder du ein Dikitierprogramm verwendest. Ansonsten bekommst du in dieser Zeit einen sehr guten Start und es wird dir danach viel leichter fallen, die restlichen Seiten und Kapitel nach und nach fertigzustellen.

Der amerikanische Autorentrainer Tom Bird lehrt in seinen Seminaren und auch in seinen sehr empfehlenswerten YouTube-Videos, dass ein gutes Buch bereits vollständig in dir steckt, bevor du auch nur anfängst es zu schreiben. Lege also alle einschränkenden Gedanken und Minderwertigkeitskomplexe einfach mal beiseite und lege los: schreibe so schnell, wie du kannst! Korrigieren, streichen und ergänzen kannst du später immer noch. Es geht vor allem darum, in einen fließenden, schnellen Schreibfluss (das sogenannte *Flow*-Erlebnis) zu kommen und dort auch zu bleiben.

Auch ich habe mit dieser Strategie schon einmal größere Textmengen für ein anderes Buch von mir fertiggestellt, so dass die weitere Arbeit daran größtenteils nur noch eine Frage des Fleißes und nicht des Wartens auf kreative Momente war. Besonders gut funktioniert es, wenn du dir schon einige Tage vor deiner Schreib-Auszeit fest vornimmst (und damit in deinem Unterbewusstsein speicherst), dass du die eingeplante Zeit ungestört und voll konzentriert zum Schreiben verwenden wirst. Auch deinem Thema, über das du schreiben möchtest, kannst du in den Tagen davor in deinem Kopf und deinem Herz den notwendigen Raum geben, damit es sich bereits entwickeln kann.

Und dann legst du am festgelegten Tag einfach los: schreiben, schreiben, schreiben, kurz essen und trinken, weiterschreiben, weiterschreiben, weiterschreiben... ☺ Gönne dir am besten viele kurze Pausen zwischendurch, um deinen Körper zu strecken und zu entspannen, vielleicht magst du auch einige Gymnastik-Übungen machen. Und dann geht es direkt weiter.

Dies ist eine wahre Marathon-Methode, die für viele Menschen ganz hervorragend funktioniert. Es kann jedoch auch ebenso anstrengend wie ein Marathon werden, entsprechend benötigst du spätestens nach einem Arbeitstag (oder einer Arbeitsnacht) auch eine besonders intensive Entspannungszeit zum Regenerieren, zum Beispiel bei einem Spaziergang, einem heißen Bad oder einem köstlichen Essen (in welcher Reihenfolge auch immer).

Der große Vorteil einer solchen intensiven Schreib-Auszeit: Du tauchst mit deinem ganzen Sein in dein Buchthema ein. Du lebst das Buch von innen heraus – und erhältst damit auch Zugang zu einer kreativen Quelle, die du vielleicht sonst nicht so schnell oder nicht so intensiv erleben könntest. Manche Autoren berichten in diesem Zusammenhang von tiefen inneren *Flow*-Erlebnissen und manche sagen hinterher, dieses Buch wäre nicht von ihnen, sondern sie haben es sozusagen nur als ausführende Schreibkraft hingeschrieben. Ob man diese Erfahrung nun *Channeling* nennt oder ganz einfach Inspiration – oder ob du dich in solch einem Zustand vielleicht mit dem uns allen umgebenden Bewusstseinsmeer verbindest und dort deine unendlichen Möglichkeiten herausziehst, ist vielleicht gar nicht so wichtig. Hauptsache, dein Buch wird fertig und beschert dir dabei ein ganz außergewöhnliches Erlebnis mit dir selbst.

Ist dein Werk fertiggeschrieben, hilft dir vielleicht eine gewisse Zeit des inneren Abstands, bevor du dich an die kritische Überarbeitung machst. Und, egal wie gut du schreiben kannst, hole dir bitte immer auch professionelle Hilfe zum Lektorieren deines Werks: so erhöhst du deine Chancen, dass Andere dein Buch gerne bis zum Schluss durchlesen und vielleicht sogar weiterempfehlen.

Ob du talentiert zum Schreiben bist oder nicht, und ob es zu einem richtigen Buch ausreicht, findest du nur heraus, wenn du es ausprobierst. Eine Veröffentlichung deines ersten Buches in einem Verlag ist heutzutage meist kein einfaches Unterfangen. Vielleicht möchtest du dir dazu alternativ die vielen Möglichkeiten der eigenen Veröffentlichung (zum Beispiel als eBook oder als *book on demand*) anschauen. Zu diesem Thema findest du recht viele Bücher und Hilfestellungen im Internet.

Fotografien, die deine Seele berühren

Bilder knipsen kann heute jeder, mit seinem Mobiltelefon oder der Digitalkamera. Die Qualität der Bilder lässt dann allerdings oft zu wünschen übrig. Zu einem großen Teil liegt dies sicher auch daran, dass wir fast unbegrenzt viele digitale Aufnahmen machen können. Wer noch die Zeiten der analogen Fotografie aktiv miterlebt hat, kennt sicherlich auch noch die damit verbundene andere innere Einstellung beim Fotografieren: Da der Fotofilm auf 12, 24 oder 36 Bilder begrenzt war und das Entwickeln eines Bildes Geld kostete, gaben sich viele bei ihren Fotomotiven mehr Mühe als heutzutage.

Wer Freude am Fotografieren hat, kann dies während seiner Auszeit ganz meditativ praktizieren. Wende dich dazu bei einem Spaziergang einfach mal nach innen und finde von dort aus die Motive in der äußeren Welt, die deine augenblickliche Stimmung oder die besondere Atmosphäre deiner Auszeit oder dieses Augenblicks gut ausdrücken. Auf diese Weise findest du vielleicht kleine Details in der Welt um dich herum, die dir sonst gar nicht aufgefallen wären. Ein knorriger Baumstamm sieht vielleicht aus wie ein Tier, eine Wolke am Himmel lädt dich zum Träumen oder Symbolfinden ein. Ein kleiner Stein, ganz bewusst von dir an der richtigen Stelle plaziert, mag aus dem richtigen Winkel gesehen eine ganz besondere Wirkung in dir entfalten.

Lass dich innerlich treiben, erlebe deine Sehnsüchte und Träume, lass dich verzaubern von der Schönheit um dich herum... und du wirst von deiner Auszeit mit wunderschönen Fotografien nach Hause kommen. Später werden sie dich an diese besonderen Momente erinnern und vielleicht auch inspirieren.

Meditatives Malen

Meine Oma praktizierte zu ihren Lebzeiten eine Form des meditativen Malens (auch, wenn sie es nie so genannt hätte) und ließ mich in jungen Jahren daran teilhaben. So saßen wir oft zusammen, ihr ganzer Wohnzimmertisch voller Bunt- und Filzstifte. Sie malte gern mit Stiften, die nicht mehr die volle Farbdeckung erreichten, um damit besondere Muster auf dem Papier zu hinterlassen oder um eine Art Pastellfarbeneffekt zu erzielen. Viele ihrer kleinen Bilder erinnern an

Mandalas. Um die runde Bildform zu erzielen, reichte ihr ein Glas oder eine Tasse, ein Bleistift und eine Schere. Als Zeichenpapier diente oft die Rückseite eines Briefumschlags. Im Laufe vieler Jahre kreierte sie auf diese Weise viele kleine Kunstwerke und sammelte sie in mehreren dicken Alben.

Beim meditativen Malen kommt es in erster Linie nicht unbedingt darauf an, ein besonders „schönes" Bild malen zu müssen. Es ist auch nicht sonderlich hilfreich, wenn du den inneren Druck verspürst, für einen anderen Menschen ein Bild malen zu wollen oder zu müssen, oder wenn du die leere Wandfläche in deinem Wohnzimmer mit einem Kunstwerk verschönern möchtest und es deswegen besonders gut aussehen muss. Viel wichtiger ist es, wie du dich während des Malens fühlst und spürst. Bist du in Kontakt mit deinem Herzen, mit deinem tiefsten Inneren? Inspirieren dich vielleicht einige Elemente deines Bildes zu neuen Ideen oder bringen sie dir neue Erkenntnisse?

Um das Malen als fließenden Prozess erleben zu können, hilft es natürlich, wenn du dich möglichst wenig mit den technischen Aspekten des Malens beschäftigen musst, wie zum Beispiel den Farben, Pinseln und dem Maluntergrund. Wenn du das meditative Malen in deiner Auszeit ausprobieren möchtest, finde am besten bereits vorher eine Malweise, die zu dir passt – zum Beispiel mit Buntstiften auf Papier, Acrylfarben auf Leinwand oder vielleicht mit einer Airbrush-Pistole auf Blumentöpfen?

Wenn du möchtest, meditiere doch einige Minuten, bevor du mit deinem Bild beginnst. Du kannst dir auch innerlich eine

Frage stellen, die du mit diesem Bild gerne für dich beantworten möchtest. Oder du kannst dich ganz einfach auf einen Aspekt deines Lebens konzentrieren, in dem du dir mehr Klarheit wünschst.

Löse dich beim Malen vielleicht auch von der Vorstellung, etwas Bestimmtes und Wiedererkennbares malen oder zeichnen zu müssen. Schwinge einfach den Pinsel oder die Stifte und schau, was sich da aus deinem Inneren heraus entwickeln möchte.

Wenn dann am Ende doch vielleicht ein hübsches Bild entsteht, ist das natürlich wunderbar. Und wenn es dir nicht wirklich gefällt, dann schaue dir doch einfach die Formen und Farben an und versuche mal, intuitiv zu erspüren, was das Bild in dir auslöst. Es gibt kein „richtig" oder „falsch", wichtig ist, was das Bild für dich bedeutet.

Möglicherweise findest du beim meditativen Malen aber auch den inneren Künstler in dir – und möchtest vielleicht deine Bilder später auf einer Ausstellung oder zum Beispiel in einem Restaurant aushängen und vielleicht sogar den einen oder anderen Euro damit verdienen?

Phantasiereisen

Phantasiereisen für Erwachsene sind eine besondere Form der geführten Meditation, die es dir sehr leicht machen, in einen entspannten Zustand zu gehen und dabei gleichzeitig fokussiert zu bleiben. Wenn deine Gedanken einmal abschweifen, bringt dich die Stimme des Sprechers immer wieder zurück zu dir.

Die Phantasiereisen, die ich zusammen mit Frank Hoese entwickle, haben oft zusätzlich zum reinen Zweck der Entspannung noch weitere inhaltliche Ziele. Einige dieser Themen eignen sich ganz besonders gut für deine persönliche Auszeit, darum möchte ich dir im Folgenden fünf Phantasiereisen kurz vorstellen. Du findest die Phantasiereisen von start2dream auf unserer Webseite **www.start2dream.de**, in vielen Online-Shops (zum Beispiel **www.amazon.com**) oder auch im Buchhandel.

Im Wald der Möglichkeiten

Was fehlt dir in deinem Leben, was wünschst du dir wirklich? Dein Unterbewusstsein kennt deine Wünsche – und diese Phantasiereise öffnet mit kraftvollen inneren Symbolen ganz buchstäblich eine Tür zu deinem inneren Wissen.

Oft liegt der Weg, den wir gehen wollen, nicht klar vor uns, und wir sehen buchstäblich den Wald vor lauter Bäumen nicht. Diese Phantasiereise ist ein symbolgeladenes Märchen für Erwachsene: Hier folgst du deiner inneren Stimme zu einem ganz besonderen Ort. Tief im Herzen des Waldes steht ein uralter Baum, ein magischer Ort, an dem Wünsche wahr werden können. In tiefer Entspannung wanderst du durch die unberührte Natur, bis du zum Zentrum des Waldes gelangst, an den Ort, wo alle Dinge entstehen. Was willst du in deinem Leben verwirklichen?

Begegnung mit deinem zukünftigen Ich

Der beste Weg, die Zukunft vorauszusagen, ist sie zu erschaffen, meinte schon Abraham Lincoln. Das, was vor dir liegt, erschaffst du schon heute. Wer wirst du in einem Jahr sein oder in fünf? Welches Ziel möchtest du gern verwirklichen? Und was wäre der nächste Schritt?

In tiefer Entspannung verschaffst du dir einen Überblick über deinen bisherigen Lebensweg, der dich zu dem gemacht hast, was du heute bist. So kannst du besser herausfinden, zu welchem Ziel du strebst und was du vielleicht schon lange verwirklichen möchtest. Ob du deinen bisherigen Weg konsequent weitergehen oder einen ganz anderen einschlagen möchtest, musst du selbst entscheiden. Wer möchtest du sein?

Der Schatz im Spiegelsee

Was kannst du tun, um mehr du selbst zu sein, deine Potenziale zu entfalten und ein erfüllteres Leben zu führen?

Möglicherweise hält der Spiegelsee eine Einsicht für dich bereit und gestattet dir einen Blick in dein Innerstes, um deine aktuellen Lebensziele und Aufgaben zu erkennen.

In tiefer Entspannung öffnest du dich für die Botschaften deines Unbewussten, um mehr über dich selbst zu erfahren und neue Perspektiven zu entdecken. Welche Talente und ungenutzten Fähigkeiten schlummern in dir? Auf welches Ziel steuert dein Leben zu? Was mag der Spiegelsee dir zeigen?

Neue Herausforderungen meistern

Stehen in deinem Leben wichtige Veränderungen bevor? Bist du dir nicht sicher, ob du deinen neuen Aufgaben, deiner neuen Rolle auch gerecht wirst? Diese Phantasiereise gibt dir Unterstützung, um deine Gedanken zu klären und Mut und Optimismus zu entwickeln.

Erinnere dich an deine Stärken und Fähigkeiten. In tiefer Entspannung fällt es dir leichter, negative Erwartungen loszulassen und ein positives, starkes Bild deiner Zukunft zu erschaffen. So übst du, dich auf die neuen Möglichkeiten und Erfahrungen zu freuen, anstatt dich auf mögliche Fehlschläge und Enttäuschungen zu fokussieren – ein wichtiger Schritt, um motiviert und selbstsicher durch die anstehenden Veränderungen zu gehen.

Das Leben genießen

Ein hektischer Alltag, in dem sich immer das Gleiche wiederholt, kann dazu führen, dass deine Genussfähigkeit abstumpft. Das merkst du daran, dass es dir irgendwann schwerfällt, noch Begeisterung für die kleinen Freuden des Alltags aufzubringen oder sie überhaupt noch zu bemerken. Was für ein Verlust an Lebensqualität und Lebensfreude das ist, können viele Betroffene bestätigen. Ohne diese Genüsse erscheint das Leben oft grau und freudlos. Die gute Nachricht ist: Auch Genießen kann trainiert werden.

Diese Phantasiereise lässt dich wieder erleben, was für intensive Erlebnisse dir deine Sinne vermitteln können. Durch vorgestellte Düfte, Klänge, Farben, Geschmäcker und Tastempfindungen übst du, auf deine Sinneswahrnehmungen zu achten, anstatt sie auszublenden – und wenn du das in deinen Alltag überträgst, wirst du den Unterschied ganz sicher bemerken.

Was du schon immer tun wolltest

Vielleicht hast du ja den Film „Das Beste kommt zum Schluss" (Originaltitel: *The Bucket List*) mit Jack Nicholson und Morgan Freeman gesehen. Die beiden liegen im gleichen Zimmer in einem Krankenhaus und erfahren, dass sie nur noch wenige Monate zu leben haben. Also erstellen die (bislang ganz

Fremden) eine Liste von Dingen, die sie noch unbedingt tun oder erfahren möchten, bevor sie den Löffel abgeben müssen – darum heißt diese Liste bei ihnen dann auch „Löffelliste" (englisch *bucket list*, dort heißt die entsprechende Redewendung *kick the bucket*).

Im Film helfen sich die beiden dabei, gemeinsam alle Punkte auf der Liste abzuhaken, sich die Wünsche nach und nach zu erfüllen. Dabei lernen sie sich immer besser kennen und werden gute Freunde. Einer der beiden Darsteller überwindet den Kampf mit dem Krebs, was man so interpretieren könnte, dass er durch die „Löffelliste" sein Glück im Leben wiederfinden und sich auf das für ihn Wichtigste im Leben konzentrieren konnte.

Ich frage mich gerade, ob du für deine eigene, ganz persönliche „Löffelliste" ebenfalls erst eine schlimme Krankheit benötigst oder ob du vielleicht in deiner persönlichen Auszeit eine ruhige Stunde findest, eine Liste mit Dingen zu erstellen, die du gerne erleben oder erfahren möchtest? Denn im Alltag gönnen wir uns oft die Zeit für diese Gedanken nicht. Und so sammeln sich im Laufe des Lebens vielleicht einige besonders wichtige Wünsche, Ziele und Träume an, die wir immer im Hinterkopf (d.h. in unserem Unterbewusstsein) behalten, die wir immer schon machen oder erleben wollten, aber irgendwie nie dazu kommen.

Solche unausgelebten Dinge können sich sogar zur Belastung in unserem Leben entwickeln. Vielleicht werden wir mit der Zeit unausgeglichen, traurig oder ärgerlich, weil wir uns wichtige Wünsche in unserem Leben nicht erfüllen, weil wir sie uns vielleicht nicht gönnen oder immer wieder neue kreative Ausreden erfinden, warum etwas nicht möglich ist.

Nimm dir also am besten ein großes Blatt Papier (oder gleich mehrere) und schreibe dir alles auf, was du gerne in deinem Leben verwirklichen oder erleben möchtest – besonders die Dinge, die schon länger in deinem Kopf herumschwirren. Ganz besonders interessant sind dabei übrigens genau die Wünsche, vor denen du schon immer ein bisschen Angst hattest, sie in die Realität umzusetzen.

Im zweiten Schritt gehst du die Liste einzeln durch und schreibst vor jeden deiner Punkte eine Zahl dazu: Auf einer Skala von eins bis zehn, wie wichtig ist dir die Verwirklichung dieses Traums oder Ziels? Wieviel persönliches Glück würde es deinem Leben schenken, wenn du diesen Punkt abhaken könntest? Ist es nur ein „Es wäre eine feine Sache"-Wunsch (Werte 1-3) oder ist es ein „Wow! Das wäre fantastisch!"-Wunsch (Werte 8-10)?

Als dritter Schritt machst du den Realitäts-Check. Am besten ist es, du gehst jeden deiner Wünsche einzeln durch und beantwortest dabei die folgenden Fragen (vielleicht auf einem neuen Blatt Papier?):

1. Ist dieser Wunsch ganz realistisch gesehen auch umsetzbar?

2. Was hindert dich bisher noch daran, diesen Wunsch in die Realität umzusetzen?

3. Was musst du tun, um dir diesen Wunsch zu erfüllen?

4. Bist du bereit, die notwendige Investition (Zeit, Geld, vielleicht ein Gespräch mit deinem Partner?) für diesen Wunsch zu tätigen?

5. Hast du das Gefühl, dir diesen Wunsch erfüllen zu *dürfen* oder glaubst du vielleicht, du hättest es dir nicht verdient?

6. Wie würde dein Leben in fünf Jahren aussehen, wenn du dir auch weiterhin diesen Wunsch nicht erfüllen wirst?

7. Wie würde sich dein Leben positiv verändern, wenn du dir diesen Wunsch erfüllen könntest?

Je nachdem, wie deine Antworten auf diese sieben Fragen ausfallen, magst du dir vielleicht gleich ein Datum setzen, wann du mit der Umsetzung eines Wunsches beginnen wirst? Vielleicht möchtest du zum Üben zunächst mit einem kleineren Wunsch anfangen? Oder lieber gleich einen der für dich wichtigsten Wünsche angehen, weil dir die Erfüllung das größte Glück bescheren würde?

Es geht mir bei dieser Übung nicht darum, dass sich jeder Mensch im Leben nur seine privaten Wünsche erfüllt, um dann möglicherweise ein sehr egozentrisches Leben zu führen. Jedoch lerne ich oft Menschen kennen, die von ihren Träumen schwärmen, diese aber aus dem einen oder anderen Grund nicht umsetzen. Oftmals höre ich dazu (aus meiner Sicht) ziemlich kreative Ausreden, warum etwas nicht umsetzbar wäre. In der darauf folgenden Diskussion kostet das Ausdenken neuer „Gründe, warum es nicht klappen kann" dann vielleicht sogar mehr Energie, als wenn die Person einfach mit dem ersten Schritt zur Verwirklichung beginnen würde.

Wenn du nur noch wenige Monate zu leben hättest, würdest du dir dann die Frage stellen: „Warum habe ich dieses oder jenes nur gemacht?" ... oder wäre es vielleicht eher die Frage: „Warum habe ich dies *nicht* gemacht?"

Anhang

Autorenportrait: Nils Klippstein

 Hallo, ich bin Nils Klippstein. Geboren wurde ich 1971 und wuchs als jüngster Spross einer Dipl.-Psychologin und eines Professors für Psychologie auf.

Nach der Schule folgten drei intensive Jahre in einer Yoga- und Meditations-Gemeinschaft in Italien, die mich stark prägten. Nach vielen Jahren der Selbstständigkeit in den Bereichen Marketing, Internet und Videoproduktion folgte ich einem inneren Ruf und wurde Entspannungspädagoge und Hypnose-Master (TMI) – Themen, die mich bereits mein ganzes Leben lang begleitet haben.

Seit 2011 produziere ich Phantasiereisen in meinem Verlag start2dream.de. Ein Herzens-Projekt, denn hier kann ich Menschen aus einem Potpourri verschiedener Imaginationstechniken aus Hypnose, NLP, Autogenem Training, Schamanismus und dem Coaching zu mehr Gelassenheit, mehr Erfolg und mehr Selbstwert verhelfen. Denn Entspannung und Selbstfindung ist in der heutigen schnelllebigen Zeit von Stress und Burnout für viele zum echten Luxus geworden.

Ich freue mich über jedes Feedback (ob positiv oder konstruktiv) über dieses Buch! Bitte schreibe an: **nils@start2dream.de**.

Meine Webseiten:

- **www.start2dream.de** – Phantasiereisen für Erwachsene

- **www.sanjada.de** – Phantasiereisen für Kinder

- **www.nils-klippstein.de** – Mein Blog über Spirituelles, Philosophisches & Hypnotisches

Montagsmeditationen

23 geführte Meditationen, die deine Welt verändern

Sei die Veränderung, die du in der Welt sehen willst.

Mahatma Gandhi

Wie verändert sich deine Welt, wenn du ab jetzt jeden Montag deine Woche mit einer kurzen geführten Meditation einleitest?

Die 22 Meditationen in diesem Buch kannst du jemandem vorlesen oder dir die professionell eingesprochenen Texte als MP3-Dateien anhören. Nach den ca. 5-7 Minuten meditierst du danach einfach so lange weiter, wie es sich für dich richtig und gut anfühlt.

Frei von religiösen oder weltanschaulichen Begrifflichkeiten und Vorstellungen erfährst du im ausführlichen Praxis-Teil, was Meditation in dir und in deiner Umgebung bewirken kann, und erhältst zahlreiche Tipps zum besseren Meditieren.

Die Meditationstexte können auch von Seminar- und Gruppenleitern genutzt werden, hierzu findest du im Buch weitere Praxis-Tipps.

Liebe dich selbst!

Übungen, Phantasiereisen & Inspirationen für mehr Selbstliebe und Selbstwert

Hardcover (21x21 cm) 112 Seiten, ISBN 978-3-931116-99-6
Auch als Kindle-Version erhältlich.

Kannst du dir selbst ein Freund sein – dir zuhören, deine Bedürfnisse und Wünsche respektieren und dich so annehmen, wie du bist?

Viel zu oft hadern wir mit unseren vermeintlichen Fehlern und Schwächen und übersehen dabei das Wichtigste: Unsere Stärken und unseren inneren Reichtum, die in unseren Erfahrungen und Fähigkeiten liegen.

Du bist einzigartig – und dieses Buch hilft dir mit vielen Inspirationen, Übungen und drei ausgesuchten Phantasiereisen, deine Einzigartigkeit zu entdecken. Ein ganz besonderes Geschenk für jemanden, den du gern hast – oder für dich selbst?

Im Buch enthalten sind Downloadlinks für drei meditative Phantasiereisen von start2dream, um Selbstliebe auch ganz praktisch erfahren und üben zu können:

- Liebe dich selbst!

- Umarme deinen Schatten

- Entdecke dein Inneres Kind

Besser Schlafen

Selbsthilfe zum Einschlafen & Durchschlafen bei Schlaf-
problemen und Schlafstörungen

Hardcover (21 x 21 cm), 124 Seiten, ISBN 978-3-931116-95-8
Auch als Kindle-Version erhältlich

Ungestörter Nachtschlaf ist unsere Hauptquelle für Regeneration und Erholung. Dieses Buch zeigt dir, was du tun kannst, um deine Schlafqualität zu verbessern, leichter einzuschlafen und besser durchzuschlafen.

Die vier Phantasiereisen in diesem Buch helfen dir dabei, Körper und Geist wirkungsvoll zu entspannen und zur Ruhe zu kommen. Und darüber hinaus findest du hier viele nützliche Tipps zu Themen wie Schlafhygiene, Einschlafrituale, Entspannungsverfahren oder pflanzlichen Einschlafhilfen. So fällt es dir leichter, den erholsamen, natürlichen Schlaf zu finden, den du brauchst, um gesund und leistungsfähig zu bleiben.

Im Buch sind vier Phantasiereisen von start2dream enthalten (Besser Schlafen 1-4), und zwar sowohl abgedruckt als Text zum Vorlesen und zusätzlich auch in Form von MP3-Audiodateien zum Anhören.

Kostenlose Phantasiereise für Erwachsene

Auf **www.start2dream.de** kannst du dir die kostenlose Phantasiereise „Auf dem Berg der Freiheit" als MP3-Datei herunterladen:

Deine 5 Vorteile als Premium-Mitglied

Werde jetzt Premium-Mitglied auf **www.start2dream.de**:

1. Nutze die Phantasiereisen von start2dream als effektive Entspannungstechnik sofort ohne Vorkenntnisse und auch für zwischendurch. Fühle dich in nur 30 Minuten erfrischt und erholt.

2. Erlebe phantasievolle Abenteuer, die dich tief berühren, neue Horizonte eröffnen und deine Lebensqualität nachhaltig verbessern.

3. Du bekommst sämtliche Phantasiereisen von start2dream als sofortigen MP3-Download. Und jeden Monat kannst du dir zwei weitere brandneue Phantasiereisen herunterladen.

4. Zu jeder Phantasiereise erhältst du zusätzlich auch eine PDF-Datei zum Ausdrucken – zusammen mit der Erlaubnis, diese Texte live vortragen zu dürfen: sei es als Entspannungstrainer, Gruppenleiter, Therapeut, Coach, etc.

5. Du unterstützt ein großartiges Projekt, das dir und vielen anderen Menschen zu mehr Selbstwert, mehr Erfolg und mehr Gelassenheit verhilft!

Bitte bewerte dieses Buch

Wenn dir dieses Buch gefällt, möchte ich dich um einen kleinen Gefallen bitten. Es braucht nur 3 Minuten deiner Zeit, hilft mir als Autor und Verleger jedoch enorm weiter.

Bitte finde das Buch über die Suchfunktion bei **www.amazon.de** und klicke auf *Kundenrezension verfassen*. Jetzt kannst du das Buch mit bis zu 5 Sternen bewerten und noch ein paar Sätze persönlichen Kommentar dazuschreiben.

Für deine wertvolle Zeit möchte ich mich schon jetzt ganz herzlich bei dir bedanken!